敦煌經學文獻論稿
下冊

許建平　著

目次

下冊

敦煌《詩經》寫卷研究綜述

　　《詩經》是中國先秦時編成的詩歌總集，早在漢朝就已列位「五經」。歷代闡釋之作品，不可勝數。特別是清代，樸學大興，清儒的《詩經》研究成就達到了一個高峰，傳統文獻中的材料已被蒐羅殆遍，若無新材料的發現，已達不可踰越之境。

　　一九〇〇年，在中國西北敦煌莫高窟第十七窟中發現了大量六朝至北宋的寫本，其中也有數十件《詩經》寫本，因而很早就引起了學界的注意。據筆者所見，從一九一一年劉師培發表兩篇關於敦煌本《詩經》的提要始，一百餘年來，共有三十多位學者發表了七十多篇論著，這還不包括在研究中利用到《詩經》寫本的論著。

　　敦煌所見《詩經》寫本，包括《毛詩》白文、毛傳鄭箋本、正義本、佚名注本及《毛詩音》，所據文本全部是《毛詩故訓傳》。但其中的《毛詩音》寫卷，並非純粹的對《毛詩》經文之注本，而是一種對毛公作傳鄭玄作箋的《詩經》文本所作的摘字注音本，有它本身的特殊性，因而單獨將它立為一個專題，而將其他的《毛詩》寫本（經文

及注疏）作為一個專題論述。

一、《毛詩》寫本的研究

　　一九〇九年七月，伯希和在北京將隨身所帶寫卷給羅振玉觀摩[1]，羅氏即於九月在《東方雜誌》第六卷第十期上發表了《敦煌石室書目及發見之原始》一文，記載了他在伯希和寓所目睹之寫卷及伯氏已寄回法國諸寫卷之部分目錄，提到《詩經》寫卷兩種，其中《邶柏舟故訓傳》殘卷乃羅氏親眼所見，故他又於《莫高窟石室秘錄》中云：「《邶柏舟故訓傳》，鄭注。案陸德明《釋文》『邶，本作鄁』，漢《衡方碑》『感背人之凱風』，字又作『背』。此本作『鄁』，知是六朝古本。」[2]案羅氏所見即 P.2529 號，「世」字或缺筆，「民」或改作「人」或缺筆，乃是唐寫本，非六朝古本。此蓋羅氏匆匆展閱，未及細審之故也[3]。羅氏之語極簡略，尚不能稱為真正意義上的論文。

　　關於敦煌本《詩經》最早的研究論文，當推劉師培於一九一一年發表的《敦煌新出唐寫本提要》一文中的兩篇《詩經》寫卷提要——《毛詩詁訓傳國風殘卷》（P.2529）、《毛詩詁訓傳鄁風殘卷》（P.2538）[4]。

1　孟憲實：《伯希和、羅振玉與敦煌學之初始》，載《敦煌吐魯番研究》第 7 卷，中華書局 2004 年版。

2　羅振玉：《莫高窟石室秘錄》，《東方雜誌》第 6 卷第 11 期，1909 年 10 月。

3　1917 年羅氏影印《鳴沙石室古籍叢殘》，收入此卷影本，其跋云：「唐本甲卷存召南麟趾至陳風宛邱，魏風以上無注，唐風以下則有之，書跡凡拙，乃閭裡書師所寫。然以較《釋文》所載諸本，頗有勝處，蓋依六朝善本也。」（黃永武主編《敦煌叢刊初集》第 8 冊，新文豐出版公司 1985 年版，第 267- 268 頁）已修正了自己之誤。

4　劉師培：《敦煌新出唐寫本提要》，連載在 1911 年的《國粹學報》第 7 卷第 1 至第 8 期上，共計 19 篇提要。此據《劉申叔遺書》，江蘇古籍出版社 1997 年版，第 2003-2006 頁。

劉氏所做的工作主要有以下幾項：(1) 詳細描述寫卷的概貌，包括行數、起迄、篇題。(2) 據諱字考定抄寫時代。(3) 將寫卷與《唐石經》、陸德明《經典釋文》、孔穎達《毛詩正義》及古籍引《詩》相比勘，進行文字校正。(4) 評定寫卷價值。(5) 對勘兩寫卷的重合之處，認為兩者非據同一底本抄錄。其中第三項的研究，頗得後人稱道[5]。

　　一九一七年，羅振玉出版《鳴沙石室古籍叢殘》，影印《詩經》寫卷五件──P.2506、P.2514、P.2529、P.2538、P.2570，並撰《敦煌本毛詩詁訓傳殘卷跋》；一九二四年六月，羅振玉撰《詩豳風殘卷跋》，對英國所藏 S.134 號《豳風》殘卷作了簡單的介紹[6]，又於一九二五年五月將錄文刊入《敦煌石室碎金》[7]。一九二九年，保之（陳邦懷）在上海神州國光社的《藝觀》第三期發表《敦煌本毛詩豳風七月殘卷跋》，根據羅振玉的錄文，取《唐石經》、宋巾箱本、阮刻本《毛詩注疏》及盧文弨刻《經典釋文》對勘，列舉可正今本者七條。一九二九年，羅振玉又撰《敦煌古寫本毛詩校記》[8]，校錄了 P.2529、P.2514、P.2570、P.2506 四種寫卷，並在跋文中概括寫卷優點有四：(1) 異文。有可刊訂今本者，有與今本不同而與《釋文》相同或與《釋文》所載或本相同者。(2) 語助。傳箋中句末多有語助，多與山井鼎《七經孟子考文》中

5　陳鐵凡云：「劉師培提要記述此卷（指 P.2538）傳箋文與諸本異同甚詳。」（《敦煌本易書詩考略》，《孔孟學報》第 17 期，1969 年 4 月）潘重規云：「惟卷子淵源甚古，良玉有瑕，終非碔砆可比，故披沙揀金，往往見寶，劉先生提要幾已盡舉之矣。」（《敦煌詩經卷子之研究》，《華岡學報》第 6 期，1970 年 2 月）

6　羅振玉：《松翁近稿》，《羅雪堂先生全集》續編第 1 冊，臺灣大通書局 1989 年版，第 35 頁。

7　羅振玉：《敦煌石室碎金》，《敦煌叢刊初集》第 7 冊，新文豐出版公司 1985 年版，第 3-5 頁。

8　羅振玉：《遼居雜著》，《羅雪堂先生全集》初編第 4 冊，臺北文華出版公司 1968 年版。

所載古本相合。(3) 章句。段玉裁據《正義》，移章句於篇前。而此諸卷，章句皆在篇後，知段氏誤也。(4) 卷數。段玉裁據《漢書‧藝文志》定《毛詩故訓傳》為三十卷，而此諸寫卷，分卷與《唐石經》、《隋書‧經籍志》相合，知《毛詩故訓傳》分二十卷，六朝即已如此。

一九三二年，小島祐馬據其在法國國立圖書館所見，發表《巴黎國立圖書館藏敦煌遺書所見錄》，介紹了 P.2669 寫卷，並與阮刻本對勘，撰有異文校記[9]。

一九三四年，姜亮夫在巴黎閱覽敦煌寫卷，他收集的《詩經》寫卷，反映在《敦煌本毛詩傳箋校錄》一文中，該文雖於一九六二年成稿，一九八七年發表[10]，但其材料卻是一九三四年在巴黎所錄。該文為 P.2529、P.2538、P.2570、P.2978、P.2506、P.2514、P.2669 共七種殘卷撰寫了敘錄，並與阮刻本對勘，作了異文校錄。

一九四四年八月，敦煌藝術研究所（今敦煌研究院）在莫高窟中寺後園的土地廟殘塑體內發現了北魏寫本《毛詩》、《孝經》、帳曆、北朝幢將名簿等共七十多件，編成 68 號。蘇瑩輝《記本所新發見北魏寫經（附目）》、向達《國立敦煌藝術研究所發現六朝殘經》二文有土地廟遺書的發現及其情況的詳細介紹[11]。蘇瑩輝在一九四四年十二月與一九四五年二月連續發表《敦煌新出寫本毛詩殘頁校後記》（蘭州《西北

9　〔日〕小島祐馬：《巴黎國立圖書館藏敦煌遺書所見錄（4）》，《支那學》6 卷 3 號，1932 年 7 月；《巴黎國立圖書館藏敦煌遺書所見錄（5）》，《支那學》6 卷 4 號，1932 年 12 月。

10　姜亮夫：《敦煌本毛詩傳箋校錄》，《敦煌學論文集》，上海古籍出版社 1987 年版，第 53-150 頁。

11　蘇瑩輝：《記本所新發見北魏寫經（附目）》，蘭州《西北日報‧西北文化週刊》第 23 期，1945 年 4 月 24 日。向達：《國立敦煌藝術研究所發現六朝殘經》，國立《北平圖書館季刊》（渝版）第 5 卷第 4 期，1945 年；收入閻文儒、陳玉龍主編《向達先生紀念論文集》，新疆人民出版社 1986 年版，第 3-5 頁。

日報》1944 年 12 月 26 日）、《敦煌新出寫本毛詩孝經合考》（《東方雜誌（渝版）》第 41 卷第 3 號，1945 年 2 月，第 47-53 頁）兩篇論文，據卷中注文有與《鄭箋》相似者，亦有與《正義》所引王肅注相近者，疑其為《隋書·經籍志》所載南朝梁時鄭玄、王肅合注本《毛詩》之殘卷。一九六一年又在《孔孟學報》第一期發表《從敦煌北魏寫本論詩序真偽及孝經要義》一文，進一步論定寫卷為王肅《毛詩注》殘卷[12]。該卷原藏敦煌藝術研究所，據沙知先生說，一九五一年在北京舉辦敦煌文物展覽以後，此卷轉歸故宮博物院保管[13]，故我在《敦煌經籍敍錄》中，將此卷定名為「故宮本《毛詩注（小雅巧言、何人斯）》」。二〇一〇年六月，在中國國家圖書館召開的「敦煌文獻、考古、藝術綜合研究——紀念向達教授誕辰 110 週年國際學術研討會」上，王素發表《敦煌土地廟發現的〈詩經注〉殘卷一讀〈王重民向達所攝敦煌西域文獻照片合集〉札記之一》一文[14]，該文主要談了兩點：(1) 殘卷並不在故宮博物院，可能在中國歷史博物館。(2) 殘卷非王肅《毛詩注》，而是佚名《韓詩注》，理由是魏晉時，《齊詩》、《魯詩》先後亡佚，惟《韓詩》尚存，故此應是《韓詩注》。筆者認為王說沒有任何直接或間接的證據可以證明，而且此殘卷中，《何人斯》篇有小序，與傳本毛序基本相同，既有毛序，可見是《毛詩》而不可能是《韓詩》。所以此為《毛詩注》的說法仍不可破，只是尚無材料證明其為何人所作而已。

---

12 蘇氏研究此卷的其他論著有：《關於本所新發現北魏寫本毛詩殘葉》，蘭州《西北日報》1945 年 6 月 26 日；《敦煌六朝寫本〈毛詩注〉殘葉斠記》，《孔孟學報》第 3 期，1962 年 4 月。

13 沙知「土地廟遺書」條，季羨林主編《敦煌學大辭典》，上海辭書出版社 1998 年版，第 17 頁。

14 收入樊錦詩、榮新江、林世田主編：《敦煌文獻·考古·藝術綜合研究——紀念向達先生誕辰 110 週年國際學術研討會論文集》，中華書局 2011 年版，第 476 頁。

　　傅振倫據北平圖書館所藏照片，對法藏敦煌寫卷 P.2978 號作過一個提要[15]，收在《續修四庫全書總目提要》中[16]，提要的內容為異文校錄，並據避諱字定抄寫時代[17]。

　　一九五八年，北京商務印書館出版了王重民《敦煌古籍敘錄》，這是對以往有關敦煌古籍的研究成果所作的總結。其中，對英法所藏十四種《詩經》寫卷作了敘錄（P.2529、P.2538、P.2514、P.2570、P.2506、P.3383，S.10、S.134、S.5705、S.789、S.2729、S.3330、S.6346、S.498）。其中，P.2529、P.2538、P.2514、P.2570、P.2506、S.134 皆轉錄羅振玉、劉師培、保之的序跋；關於 S.10、S.5705、S.789、S.2729、S.3330、S.6346、S.498 諸卷的敘錄撰寫於一九三八年、一九三九年，皆王氏三〇年代在巴黎閱覽原卷所得，內容主要是定名、綴合、抄寫時代的判定及簡單的校勘，但這是對以往《詩經》寫卷研究的集成性之作，成為以後很多學者特別是非專業學者的重要參考書。

　　一九六九年，陳鐵凡在《孔孟學報》第 17 期發表《敦煌本易書詩考略》一文，收入了二十八種《詩經》寫卷，比《敦煌古籍敘錄》多十四種（S.541、S.1442、S.1722、S.2049、S.3951、P.2660、P.2669、P.2978、P.3737、P.4994、L1416、L1640、散 204 及土地廟遺書《毛詩注》）。但陳氏所見影本僅十九種，皆據《敦煌文獻錄》[18]、《鳴沙石室古籍叢

15　傅振倫：《敦煌寫本毛詩白文三卷》，《續修四庫全書總目提要・經部》，中華書局 1993 年版，第 300 頁。據《續修四庫全書總目提要・經部》之「整理説明」，提要的撰寫在 1931-1942 年間。

16　提要謂據「攝影本」，當時北平圖書館藏有近萬張王重民從法國拍來的敦煌寫卷照片（榮新江《〈王重民向達先生所攝敦煌西域文獻照片合集〉序》，《敦煌學輯刊》2007 年第 3 期），其中即有 P.2978 號（袁同禮《國立北平圖書館現藏海外敦煌遺籍照片總目》，《圖書季刊》新 2 卷第 4 期，1940 年）。

17　傅氏定為唐高祖時寫本，誤，説詳《敦煌經籍敘錄》，第 153 頁。

18　應是日本東洋文庫據縮微膠卷影印之英藏敦煌文獻。

殘》、《敦煌秘籍留真新編》，其餘乃據他種目錄著錄[19]。陳氏在文中介紹了寫卷的內容、行款，並考其抄寫時代，提供影本信息。

　　在二十世紀八〇年代前，對敦煌本《詩經》寫卷的研究及影本公布方面，貢獻最大的當屬潘重規。他先後發表八篇論文[20]，不僅為英法所藏的二十五件寫卷撰寫題記，而且還首次公布了八件寫卷（P.2660、P.2669、P.2978、P.3737、P.4072、P.4634、P.4994、Дх.01366）。他還在《敦煌詩經卷子之研究》一文中，概括性地提出了敦煌《詩經》卷子之價值：(1) 可覘六朝唐代詩學之風氣；(2) 可覘六朝唐代傳本之舊式；(3) 可覘六朝唐人抄寫字體之情況[21]。其說多為後人遵從並承襲[22]。

　　一九七一年，蘇瑩輝發表《從敦煌本〈毛詩詁訓傳〉論〈毛詩〉定本及〈詁訓傳〉分卷問題》（《孔孟學報》第 22 期，1971 年 9 月）一文，對王重民《敦煌古籍敘錄》中謂 S.798、S.3330、S.6346 為顏師古《毛詩定本》之説作了糾駁。

　　從七〇年代末開始，由於縮微膠卷與《敦煌寶藏》的發行出版，特別是九〇年代以後，刊布敦煌文獻的大型圖錄本陸續問世，研究者可以很方便地利用敦煌寫卷資料，敦煌學的研究進入了黃金時期。在《詩經》寫卷的收集、介紹、研究方面，成績斐然。

19　P.2978、P.3737、P.2660、P.4949 據《伯希和劫經錄》，兩種俄藏寫卷是據《列寧格勒所藏敦煌卷子目錄》著錄，散 204 是陳氏據《敦煌遺書總目索引》所附《李氏鑑藏敦煌寫本目錄》著錄，土地廟遺書據蘇瑩輝論文著錄。

20　論文目錄請參拙文《潘重規先生對〈詩經〉研究的貢獻》，載《敦煌學》第 25 輯，樂學書局 2004 年版；收入《敦煌文獻叢考》，中華書局 2005 年版，第 177-178 頁。

21　潘重規：《敦煌詩經卷子之研究》，《華岡學報》第 6 期，1970 年 2 月。

22　洪湛侯：《詩經學史》，中華書局 2002 年版，第 250-253 頁；張錫厚：《敦煌本毛詩詁訓傳的著錄與整理研究》，《南京師範大學文學院學報》2004 年第 2 期；伏俊璉：《敦煌〈詩經〉殘卷的文獻價值》，《敦煌研究》2004 年第 4 期。

　　一九九八年，伏俊璉發表《敦煌〈詩經〉殘卷敘錄》[23]，收錄了二十九種寫卷，比陳鐵凡多出 P.4634、Дx.01366（俄 1517）及天理本三種[24]，而沒有陳氏的兩種 L 編號的俄藏寫卷。但作者沒有見到陳鐵凡的論文，寫卷來歷及敘錄內容主要依據王重民《敦煌古籍敘錄》、潘重規《敦煌詩經卷子論文集》。天理本寫卷則據王三慶《日本天理大學天理圖書館典藏之敦煌寫卷》一文[25]，而未提及一九九〇年就已出版的《中國西北文獻叢書》第八輯第八卷《敦煌學文獻》中的寫卷影印本。

　　筆者於二〇〇三年發表《〈俄藏敦煌文獻〉儒家經典類寫本的定名與綴合——以第 11-17 冊未定名殘片為重點》、《英倫法京所藏敦煌寫本殘片八種之定名並校錄》、《殘卷定名正補》三篇文章[26]，比定了七件俄藏殘片（Дx.11933B、Дx.11937、Дx.12750、Дx.12759、Дx.12697、Дx.08248、Дx.09328）、二件英藏殘片（S.1533V、S.11309）的題名，糾正了二件法藏殘卷（P.2978、P.3330）的錯誤定名；並判定 Дx.11933B、Дx.11937、Дx.12750、Дx.12759 四個殘片為一卷之裂，S.11309 與 S.5705 亦為一卷之裂。當年九月，在北京召開的「敦煌寫本研究、遺書修復及數字化國際研討會」上，筆者發表《跋國家圖書館所藏敦煌〈詩經〉寫卷》一文[27]，對 BD14636 號《詩經》進行研究，考察了它的抄寫時代及其文獻價值。

23　伏俊璉：《敦煌〈詩經〉殘卷敘錄》，中國詩經學會編《第三屆詩經國際學術研討會論文集》，香港天馬圖書有限公司 1998 年版，第 361-370 頁。

24　P.4634、Дx.01366（俄 1517）乃據潘重規論文。

25　王三慶：《日本天理大學天理圖書館典藏之敦煌寫卷》，《第二屆敦煌國際研討會論文集》，臺北漢學研究中心 1991 年版。

26　分別見《姜亮夫、蔣禮鴻、郭在貽先生紀念文集》，上海教育出版社 2003 年版；《敦煌學》第 24 輯，樂學書局 2003 年版；《2000 年敦煌學國際學術討論會文集·歷史文化卷》，甘肅民族出版社 2003 年版。

27　後收入《敦煌學國際研討會論文集》，北京圖書館出版社 2005 年版。

　　二〇〇四年，張錫厚發表《敦煌本毛詩詁訓傳的著錄與整理研究》（《南京師範大學文學院學報》2004 年第 2 期）一文，收錄了三十種寫卷[28]，比伏俊璉多出 P.4072、俄 1640（Дх.01640）兩種，但未收入土地廟遺書，當因彼非《毛詩詁訓傳》故也。張文與伏文相比較，張文吸收前人成果較多，但多為抄撮，缺少自己的考證，而且似乎也沒有看到筆者《〈俄藏敦煌文獻〉儒家經典類寫本的定名與綴合》、《英倫法京所藏敦煌寫本殘片八種之定名並校錄》兩篇文章，可能成稿時筆者兩文尚未正式發表之故。

　　二〇〇六年，筆者出版《敦煌經籍敘錄》（中華書局 2006 年版），為收集到的中、英、法、俄、日所藏 44 號寫本撰寫了敘錄[29]，將有關定名、斷代、綴合、辨偽、研究進展等相關內容集中考察，對《詩經》寫卷作了一次全面清理和總結。

　　二〇〇九年，黃亮文發表《敦煌經籍寫卷補遺——以〈俄藏敦煌文獻〉第 11 至 17 冊為範圍》（《敦煌吐魯番研究》第 11 卷，上海古籍出版社 2009 年版）一文，又從俄藏寫卷中發現三種《詩經》殘片（Дх.7475V、Дх.12602、Дх.15312），從而將《詩經》寫卷增加到 47 號。

　　同年，北京圖書館出版社發行了《國家圖書館藏敦煌遺書》第一百一十冊，其中 BD12252 號定名《毛詩傳箋（淇奧至碩人）》，按此為白文，並無傳箋，故應定名為《毛詩（衛風淇奧——碩人）》[30]。日本武田科學振興財團出版《敦煌秘笈》影片冊一，其中羽 015 號包括三個

28　自云 31 種，乃是將 P.2669 分為兩種。

29　其中土地廟遺書、P.2129 入存目。

30　筆者已有《新見國家圖書館藏敦煌經部寫本殘頁校錄及研究》一文，尚未發表。（附注：現已發表在中國敦煌吐魯番學會等主編《敦煌吐魯番研究》第 13 卷，上海古籍出版社 2013 年版）

殘片，編為羽 015 ノ一、羽 015 ノ二、羽 015 ノ三，分別為《毛詩傳箋（大雅文王）》、《毛詩傳箋（小雅雨無正—小弁）》、《毛詩（小雅駕蔦—車舝）》，筆者已有《杏雨書屋藏〈詩經〉殘片三種校錄及研究》一文提交二〇一〇年八月在甘肅敦煌召開的「慶賀饒宗頤先生 95 華誕敦煌學國際學術研討會」。

二〇一二年，方廣錩教授在《敦煌遺書中多主題遺書的類型研究（一）——寫本學札記》一文中，提到 S.329V 有兩塊毛詩殘片[31]，案此殘片在《英藏敦煌文獻》第 1 冊 133 頁上欄，乃修補 S.329 的補丁，內容為《齊風・東方之日》末行標章句及《東方未明》小序。

經過中外學者一百多年的努力，已獲得敦煌《詩經》寫本 52 號，內容涉及《詩經》305 篇中的 231 篇。

同時，對於《詩經》寫卷的整理研究也陸續發表了不少論著。

一九八五年，胡從曾在《浙江師範學院學報》第 1 期發表《從敦煌〈毛詩〉古寫本看高郵王氏訓詁方法》一文，利用敦煌《詩經》寫本材料，列舉可以印證《經義述聞》考證之善者十一例，藉以說明王氏父子訓詁方法的科學性和準確性。

一九八六至一九八七年，黃瑞雲在《敦煌研究》分三期發表之《敦煌古寫本〈詩經〉校釋札記》[32]，其校勘條目多有可取者，可惜對於清人的成果吸取較少。

從二〇〇一年開始，郝春文教授主編的《英藏敦煌社會文獻釋錄》陸續出版，該項目計劃將英國國家圖書館收藏的全部敦煌漢文非佛教文獻按號釋錄成通行的繁體字，並附校記及有關的研究文獻索引。至

31　黃正建主編：《中國社會科學院敦煌學回顧與前瞻學術研討會論文集》，上海古籍出版社 2012 年版，第 77 頁。

32　《敦煌研究》1986 年第 2 期、1986 年第 3 期、1987 年第 1 期。

今已出版了七卷，校錄了 S.10、S.134、S.498、S.541、S.789、S.1442、S.1553 背、S.1722 共 8 號寫卷，可惜 S.1553 背的校錄及定名沒有注意到筆者《英倫法京所藏敦煌寫本殘片八種之定名並校錄》一文的考釋。馬新欽《〈英藏敦煌社會歷史文獻釋錄〉之〈毛詩鄭箋〉標點獻疑》（《敦煌學輯刊》2006 年第 1 期）一文，糾正了其關於 S.10 寫卷的一些錄文標點之誤。

　　筆者在《敦煌學輯刊》二〇〇四年第一期發表《敦煌〈詩經〉卷子研讀札記二則》一文，對翟理斯《英國博物館藏敦煌漢文寫本注記目錄》以 S.541《詩經》寫卷為卷背的說法提出疑問，認為應是抄寫在寫卷正面，而抄有佛經的那一面才是寫卷背面。

　　二〇〇六年，張錫厚主編的《全敦煌詩》出版（作家出版社 2006 年版），收錄了二十二種敦煌《詩經》寫卷，分為錄文與校記兩部分。然校記過於簡略，缺少自己的考辨；所收錄的寫卷亦比筆者在《敘錄》中所列少十九種[33]。

　　二〇〇八年，王曉平在《敦煌研究》第 1 期發表《敦煌〈詩經〉殘卷與日本〈詩經〉古抄本互校舉隅》一文，將敦煌本與靜嘉堂文庫所藏《毛詩鄭箋》本的旁注異文比較互證，以抉發兩者之價值。

　　在這一年，中華書局出版《敦煌經部文獻合集》，其中《羣經類詩經之屬》即為筆者所撰（在第二冊），對 43 號《詩經》寫本作了分類、定名、綴合、校錄[34]，是對一百年來敦煌《詩經》寫卷文本錄校的集大成之作。洪國樑教授於二〇一二年三月發表《〈敦煌經部文獻合集・羣經類詩經之屬〉校錄評議》一文（《敦煌學》第 29 輯，樂學書局 2012

33　不計 P.2129 及三種《毛詩音》。

34　P.2129 為雜寫，只有篇題，沒有內容。

年版），在對《詩經之屬》錄校成果溢美的同時，也提出了一些意見。除了具體的校勘意見外，關於校錄原則，主要在兩個方面提出了與《合集》特別是《詩經之屬》不同的看法。因為有關敦煌文獻校錄原則，所以在這裡特別予以澄清。

（一）關於「定本」

洪氏根據《敦煌經部文獻合集・前言》中「做成像標點本二十四史那樣的『定本』」之語，從而認為筆者想把敦煌《詩經》寫本做成顏師古所説的「定本」，並云：

> 古人之為經書作注作疏，彼此各據所傳抄之底本而為之注、疏，其底本不盡相同；後人將之合刊，復自據其傳抄本中之經、注、疏而予合刊，是以經、注、疏多有不相合者，若欲強合眾本而為「定本」，則不合古代文獻流傳之事實。經部文獻如此，《詩經》尤其如此。蓋鄭《箋》所據之經文底本，與毛《傳》所據不盡相同；而《正義》所據之毛《傳》、鄭《箋》，與六朝義疏所據者亦未必相同。又敦煌《詩經》文獻含經文、《傳》、《箋》、《正義》四部分，不僅敦煌寫卷與傳世刊本所據之經文、《傳》、《箋》、《正義》底本未必相同，即敦煌各寫卷所據之底本亦未必相同，若欲強合而「定」於一是，無異統一不同之底本，則是淆亂眾本，治絲而愈棼，不合古代文獻流傳之事實。（第 41 頁）

> 許氏之校錄敦煌寫卷而為「定本」，雖亦據其他寫卷，而實以刊本為主。刊本僅為眾參校本之一，與寫卷各有其優劣得失，斠理之道，不如保留底卷之原貌，並兼存眾參校本之異同於《校記》中，至是非曲直，則由讀者斟酌取捨，如此，既保存敦煌本原貌，亦符合研究者之需要。若遽予刪改，時或遺失敦煌本之可貴價值。（第 45 頁）

關於「定本」的說法，見於《合集‧前言》，雖然不是我的觀點，但我個人認為將這個「定本」說法與顏師古「定本」扯在一起，給人以故入人罪的感覺。顏是為國家校定「定本」，是政府行為，由國家頒布。而二十四史點校本並沒有自稱「定本」，只是因為其高質量的校錄，而成為學界首選的引用文本，故我們謂之為「定本」。我們只是希望《合集》的校錄質量能獲得大家認可，能像二十四史點校本那樣為學界所廣泛使用，這只是我們作者的良好願望，並沒有強迫學界作為國家的法定「定本」來供奉它。洪氏沒有讀懂我們「定本」的含義，強行將之比附為顏師古的「定本」，實在令人遺憾。

洪氏所說的校錄原則，筆者也難以苟同。按照洪氏的這種思路，「校勘學」這門學科就沒有存在的必要了。如果我們在校錄古代文獻時，只是列舉異文，而不判斷是非，那人人都成鈔胥，學術研究如何進步？敦煌所見《詩經》寫本，都是《毛詩》系統，眾所周知，《毛詩》是漢代毛亨整理而成的一種《詩經》文本（只有一種文本，毛亨不可能同時為後世整理了兩種或多種文本）。既然當時只有一種文本，它即是後來的各種版本之祖。無論是鄭箋、孔疏等注疏本所據底本，還是出土的敦煌本、傳世的雕刻本，其祖本就是毛亨整理本。數百年來，學者們窮盡畢生精力，對《毛詩》文本進行研究，目的就是為了探索漢代《毛詩》用字之原貌。如果學者們（當然也包括筆者）在研究過程中，由於材料缺乏，或功力不逮，得出錯誤的結論，那是應該予以指出並糾正的，學術研究也正是在這樣的過程中得到進步的。那種認為只應該羅列異文，不作是非判斷的說法，才是「不合古代文獻流傳之事實」，也是阻礙學術進步的。

何況我們在整理敦煌寫本時，任何增刪校改，均在校勘記中注明，完全可以復原，這是符合古籍整理通例的，根本不可能「遺失敦

煌本之可貴價值」。

洪氏所以會有以上這樣的説法，乃是根據段玉裁「校經之法，必以賈還賈，以孔還孔，以陸還陸，以杜還杜，以鄭還鄭，各得其底本，而後判其義理之是非，而後經之底本可定，而後經之義理可以徐定」之説而來（第 43 頁所引）。但洪氏完全誤解了段玉裁的話。段玉裁認為賈孔陸杜鄭對經義的看法，是根據其所據底本而產生的，不能因為他們所據經文有誤，而否定其義理。要正確理解他們的義理，就必須根據他們所據的底本經文。段氏的著眼點在諸人對經文的理解，而非經文本身。段氏並不是説《毛詩》原來就有不同的文本，不可改動。如果這樣認為的話，那如何理解段玉裁撰寫《毛詩故訓傳定本小箋》一書？又如何理解段玉裁改《説文》？

（二）關於文字

洪氏云：「讀《合集》群經類者未必兼讀小學類，況群經類者所用異體俗字，亦未必見於小學類，若於群經類能『適當從嚴』，除有裨學者推想寫卷字形之外，並可作其他相關之研究。」（第 80 頁）並舉十三例，認為《詩經之屬》的錄文中，刊削俗字太多。

何為俗字？什麼樣的「俗字」應該原樣移錄，或改成正體字？學術界並沒有一個統一的標準，筆者在《整理敦煌文獻時需要注意的幾個問題》一文中專門談了這個問題[35]。我在校錄寫卷時，一般情況下，只保留轉輾而誤者、不易辨識而需考辨者，而將僅僅筆畫之異、一望可識的所謂「俗字」（其實是變體字）改為通行正體字。

方廣錩教授曾説過：「把不規範的字全部保留，等於把原卷照樣摹

---

35 劉進寶主編：《百年敦煌學：歷史　現狀　趨勢》，甘肅人民出版社 2009 年版，第 398-399 頁。

寫一遍，看起來學術價值高，實際上並不能保證正確摹寫了每個字。這樣還不如去看原件或照片。」[36] 洪先生所舉十三例，除第八例外的其餘十二例均為筆畫之異的變體字，是根本不成字的手寫變體。如果這一類字都要保留，那《敦煌經部文獻合集》這本書就沒有必要錄文了，直接印出原卷照片即可。

敦煌文獻材料之所以沒有能被各學科學者廣泛引用，其中最主要的原因就是俗字太多，如果不是浸潤於敦煌學研究多年或非文字學研究者，實在難以卒讀，所以敦煌學界的一件重要任務就是把寫卷文本校錄成通行文字，供學界使用。保留俗字原貌的文本，只適宜於專門研究近代文字的學者，而這些學者，是不會使用無法存真的摹錄本的。按照洪先生的要求做出來的文本，想看的人看不懂，看得懂的人不想看，最後成為毫無用處的廢書。

筆者發表的《〈毛詩〉文字探源四則》[37]，即是利用敦煌《詩經》寫本的用字復原漢代《毛詩》原本文字的一次嘗試。

其他還有一些關於敦煌本《詩經》研究的論文，如劉操南《敦煌本毛詩傳箋校錄讀記》（《寧波師範學院學報》1988 年第 4 期）、《敦煌本毛詩傳箋校錄疏證》（《敦煌研究》1990 年第 1 期），林平和《敦煌伯二五二九、二五三八號唐寫本毛詩詁訓傳殘卷書後》（《人文學報》第 8 期，1990 年 6 月）、《敦煌伯二五一四、二五七〇、二五〇六號毛詩詁訓傳小雅殘卷書後》（《孔孟月刊》第 29 卷第 8 期，1991 年 4 月）、《敦煌斯二〇四九號毛詩故訓傳殘卷書後》（《孔孟月刊》第 30 卷第 11

36　方廣錩：《關於〈藏外佛教文獻〉的選篇、錄校及其他——簡答黃征、楊芳茵先生》，《隨緣做去　直道行之——方廣錩序跋雜文集》，國家圖書館出版社 2011 年版，第 128 頁。

37　中國文化遺產研究院編：《出土文獻研究》第 9 輯，中華書局 2010 年版。

期，1992 年 7 月），伏俊璉《敦煌〈詩經〉殘卷的文獻價值》（《敦煌研究》2004 年第 4 期）、《讀敦煌〈詩經〉寫卷札記》（《敦煌學》25 輯，樂學書局 2004 年版），秦丙坤《敦煌寫本二〈南〉校記》（《圖書館雜誌》2004 年第 1 期），韓宏韜《〈毛詩正義〉單疏本考》（《河池學院學報》2006 年第 6 期），李索、穆晶《敦煌寫卷〈毛詩〉P.2529 號異文例釋》（《大連大學學報》2011 年第 6 期），但所論沒有發明及新見，不再詳述。

至於鄭柏彰《論敦煌詩經寫卷 P2529、P2538 之成卷時間及其所透顯之蘊義》一文[38]，對敦煌避諱特點及經學史缺乏基本的了解，得出的結論是不可能正確的。

二、《毛詩音》寫卷的研究

敦煌寫本有五件《毛詩音》寫卷：P.3383、P.2729、Дx.01366、S.10V、P.2669V。學術界最早見到並關注的是法藏寫卷 P.3383。

伯希和將敦煌寫卷劫至法國國立圖書館後，編寫了一個簡目，簡目中謂 P.3383 寫卷是「《詩經音釋》殘文，似即陸德明之《詩經釋音》。」[39]一九三二年，小島祐馬在《支那學》第六卷第三號發表《巴黎國立圖書館藏敦煌遺書所見錄（四）》，認為 P.3383 與《經典釋文》所引徐邈《毛詩音》不同，當是《釋文》以前某詩音，定名為「毛詩音義」，並過錄了寫卷全文。

38　高雄師範大學經學研究所第 2 屆青年經學學術研討會論文，2006 年 11 月 18 日。

39　〔法〕伯希和編，陸翔譯：《巴黎圖書館敦煌寫本書目》，《國立北平圖書館館刊》第 8 卷第 1 號，第 74 頁。陸翔譯本作「P3382」，誤，説詳《敦煌經籍敘錄》，第 194-195 頁。

一九三五年，王重民為 P.3383《毛詩音》撰寫了敘錄[40]，認為即是晉徐邈所撰《毛詩音》。一九四二年三月，劉詩孫據王重民所攝照片，在《真知學報》第一卷第一期發表《敦煌唐寫本晉徐邈毛詩音考》，認為並非如王重民所考徐邈之作，而懷疑為陸德明《經典釋文》之原本，後又對寫卷注音作了音系上的歸納[41]。六月，周祖謨作《唐本毛詩音撰人考》，否定王重民、劉詩孫之說，認為是隋魯世達所作《毛詩音義》[42]。

一九六八年，潘重規撰《王重民題敦煌卷子徐邈毛詩音新考》一文[43]，也糾駁了王重民、劉詩孫之說，不過未在文中評論周祖謨魯世達所撰說，但他在最後結論中説：「此殘卷當為徐邈以後，《釋文》以前，六朝專家之音。」則亦不以周說為然也。

一九七四年，內野熊一郎發表《プリオ本敦煌出土唐寫〈毛詩釋文〉殘卷私考》一文[44]，將寫卷與通志堂本及瞿氏巾箱本《經典釋文‧毛詩音義》的反切進行對勘，探尋其源流及變化，則同於劉詩孫之說，以其為陸德明《經典釋文》也。

一九九〇年，平山久雄在《古漢語研究》第 3 期發表《敦煌〈毛詩音〉殘卷反切的結構特點》一文，亦不贊成周祖謨魯世達所撰說，

40　王重民：《巴黎敦煌殘卷敘錄》，北平圖書館 1935 年。此據黃永武主編《敦煌叢刊初集》第 9 冊，新文豐出版公司 1985 年版。

41　劉詩孫：《敦煌唐寫本晉徐邈毛詩音考（續）》、《敦煌唐寫本晉徐邈毛詩音考（再續）》，《真知學報》第 1 卷第 5 期、第 2 卷第 1 期，1942 年 7、9 月。

42　此文寫成於 1942 年 6 月，收入周祖謨《漢語音韻論文集》，商務印書館 1957 年版。又收入《問學集》，中華書局 1966 年版。

43　《新亞學報》第 9 卷第 1 期，1969 年 6 月。此據《敦煌詩經卷子研究論文集》，香港新亞研究所 1970 年版。

44　《宇野哲人先生白壽祝賀記念東洋學論叢》，宇野哲人先生白壽祝賀記念會 1974 年版。

認為在目前的情況下應該闕疑。

　　二〇〇四年，筆者發表《法藏敦煌〈毛詩音〉「又音」考》一文[45]，對寫卷的二十一條又音條目作了考訂，認為寫卷之又音，非作者之注音，而是取自別家注音。二〇〇六年，筆者發表《試論法藏敦煌〈毛詩音〉寫卷的文獻價值》一文[46]，通過對寫卷文本的分析，揭示了它所蘊含的文獻價值。

　　最早研究 S.2729《毛詩音》的是王重民，他在一九三九年即撰寫了關於該寫卷的敘錄，後來收入《敦煌古籍敘錄》，他認為該寫卷是撰成於顏師古後孔穎達前之《詩音》彙編本[47]。一九六九年，潘重規發表《倫敦藏斯二七二九號暨列寧格勒藏一五一七號敦煌毛詩音殘卷綴合寫定題記》一文（收入《敦煌詩經卷子研究論文集》），據日本京都大學教授小川環樹的抄件，綴合了 Дх.01366 與 S.2729 兩個寫卷，並公布錄文及臨摹本，對王重民撰成於顏氏後孔氏前之說予以否定，認為是隋劉炫所撰《毛詩音》。王利器《跋敦煌唐寫本劉炫毛詩述議》（《文獻》1983 年第 3 期）一文[48]，則認為是劉炫所著《毛詩述義》，後又在《經典釋文考》一文中否定此說，認為是劉炫的《五經正名》[49]。平山久雄《敦煌〈毛詩音〉殘卷反切的結構特點》（《古漢語研究》1990 年第 3 期）認為寫卷非劉炫《毛詩音》；張寶三《倫敦所藏斯二七二九號敦煌〈毛

45　《中國俗文化研究》第 2 輯，巴蜀書社 2004 年版。

46　《禮學與中國傳統文化——慶祝沈文倬先生九十華誕國際學術研討會論文集》，中華書局 2006 年版。

47　王重民：《敦煌古籍敘錄》，第 43-44 頁。

48　《王利器論學雜著》（北京師範學院出版社 1990 年版）中有《跋〈毛詩述義〉（擬）》一文，與此文內容相同。

49　《經典釋文考》：「王有三先生以為劉炫之《毛詩述義》（注 7：據有三先生未刊稿），而余以為炫之《五經正名》。」（《曉傳書齋集》，華東師範大學出版社 1997 年版，第 71 頁）

詩音〉殘卷論考》一文通過詳細考辨，否定寫卷為劉炫之作，並且考察了寫卷在經學研究上之價值[50]。所以，此寫卷之作者迄今未能考定，但其非劉炫之作，張寶三所論綦詳，可以定讞。

關於 S.2729+Дx.01366 寫卷，筆者亦有《英藏敦煌〈毛詩音〉寫卷所見〈毛詩〉本字考》（《敦煌學輯刊》2007 年第 3 期）、《英俄所藏敦煌寫卷〈毛詩音〉的文獻價值》（《文獻》2011 年第 3 期）兩文探討其價值。

二〇一二年七月，平山久雄在《中國語文》第四期發表《敦煌〈毛詩音〉殘卷裡直音注的特點》一文，對 P.3383 與 S.2729+Дx.01366 兩種《毛詩音》寫卷的直音注作了分析，認為 P.3383《毛詩音》的作者把所依據材料的普通反切和直音按自己採用的獨特結構原則改換成了新式反切，只保留了同聲直音。而 S.2729+Дx.01366《毛詩音》則把所依據材料的同聲直音也改為新式反切。研究精細周密，頗具說服力。

S.10V、P.2669V 兩《毛詩音》，是 S.10、P.2669 寫卷卷背以極細小之字所寫的字音，正對應於所音的寫卷正面的經、傳、箋之字。

S.10 的卷背注音，首先錄文的是王重民，他錄出了其中四十八字字音，認為這些字音多與《經典釋文》及 S.2729《毛詩音》同，是六朝舊音[51]。平山久雄根據英國大英博物館為東洋文庫攝製之縮微膠卷錄出一百二十六字字音，並作了簡單的校記，其成果《敦煌毛詩音殘卷反切の研究（上）》發表在一九六六年三月出版的《北海道大學文學部紀要》第十四號第三分冊上。潘重規於一九六七年據英國所藏原卷錄出

50　《隋唐五代經學國際研討會論文集》上冊，臺北「中央研究院」中國文哲研究所 2009 年版。

51　其成果發表在 1947 年 12 月 11 日的上海《大公報》上，後收入《敦煌古籍敘錄》，第 31-33 頁。

一百一十三字之音，糾正王重民闕誤頗多，其錄文見《倫敦斯一〇號毛詩傳箋殘卷校勘記》（收入《敦煌詩經卷子研究論文集》）一文。平山久雄又據潘重規錄文對卷背注音重作釋錄，得一百二十八字字音[52]。一九九六年，寧可發表《敦煌遺書散錄二則‧英藏斯一〇號〈毛詩鄭箋〉卷背字音錄補》（《敦煌吐魯番研究》第一卷，北京大學出版社1996年版）一文，據英國所藏原卷重新錄文，認為共有一百四十四字之音，並錄出潘重規所漏錄、誤錄者五十二字字音。筆者在《敦煌音義匯考》（杭州大學出版社1996年版）中據《英藏敦煌文獻》第一冊的放大照片，重新過錄，得一百四十字之音，並對每條音注作了校勘；在《敦煌經部文獻合集》中，又據中國國家圖書館國際敦煌項目網站上的彩色高清掃描圖片重新過錄，得一百四十五字之音，並作了校勘[53]。

　　一九六八年九月，潘重規在《新亞學術年刊》第十期發表《敦煌毛詩詁訓傳殘卷題記》一文，錄出P.2669卷背之音三十條，並據之與《經典釋文》及《廣韻》對勘，認為非採自《釋文》、《廣韻》而為六朝人舊音，可能是《毛詩音隱》一類著作之遺跡。

　　遠藤光曉於一九九〇年在《開篇》第七卷發表《在欧のいくつかの中国語音韻史資料について》，二〇〇一年在《論集》第42號發表《敦煌〈毛詩音〉S.10V寫卷考辨》[54]，釋讀出一百三十六字之音，並據卷背文字墨色濃淡情況，認為是抄錄兩種以上書籍的音注而成。

52　《敦煌毛詩音殘卷反切の研究（中の1）》，《東洋文化研究所紀要》第78冊，1979年。

53　張湧泉主編：《敦煌經部文獻合集》第2冊，中華書局2008年版，第624-699頁。

54　此條信息來自於平山久雄《關於S10V〈毛詩音〉殘卷──論其混合本性質》（《開篇》第29卷）一文，並蒙石立善先生相助，得以獲睹兩文。

二○○四年，筆者在《敦煌學輯刊》第一期發表《敦煌〈詩經〉卷子研讀札記二則》一文，詳細比勘了 S.10 卷背注文與正面文字，認為 S.10 號背面字音並非針對正面文字而作，而是另有所本。此當是讀者在閱讀過程中據別種《毛詩音》隨手注於卷背者，應是一種獨立的《毛詩音》，非是與正文文字合成有機整體的《毛詩音隱》，只是它用以注音的方法與六朝的音隱類著作相同。

鄭阿財在《敦煌學輯刊》二○○五年第四期發表《論敦煌文獻展現的六朝隋唐注釋學——以〈毛詩音隱〉為例》一文[55]，論述唐以前注釋學發展歷史及六朝隋唐史志中有關「隱」的注釋樣態，認為 S.10、P.2669 卷背注音即六朝音隱著作之舊式，應命名為《毛詩音隱》，把潘重規的推測直接坐實，而未提供新的證據。

二○一○年，平山久雄在《開篇》第二十九卷發表《關於 S10V〈毛詩音〉殘卷——論其混合本性質》一文，據《英藏敦煌文獻》第一冊的放大照片，重新迻錄，得一百四十三字之音，並因遠藤光曉氏的啟發，證明 S.10 卷背注音具有混合性質，並非來自於一本書，而是來自於兩種或更多種的《毛詩音》。

關於《毛詩音》寫卷，平山久雄撰有一系列論文：《敦煌〈毛詩音〉殘卷反切の研究（上）》（《北海道大學文學部紀要》第 14 號第 3 分冊，1966 年 3 月）、《敦煌〈毛詩音〉殘卷反切の研究（中の 1-6）》（《東洋文化研究所紀要》第 78、80、90、97、100、105 冊，1979-1988 年）、《敦煌〈毛詩音〉殘卷反切的結構特點》（《古漢語研究》1990 年第 3 期）、《敦煌〈毛詩音〉反切中的「類一致原則」及其在韻母擬音上的應用》（《中國語文》2009 年第 6 期）、《敦煌〈毛詩音〉反切中的

55　以日文發表在《日本學・敦煌學・漢文訓讀の新展開》，汲古書院2005年版。

「開合一致原則」及其在韻母擬音上的應用》（《中國語文》2010 年第 3
期），對五件寫卷均有錄文、校記，特別是對寫卷的反切作了深入而精
細的分析研究，成就卓著。

　　筆者在《敦煌音義匯考》中對 P.3383、S.10V、S.2729 + Дх.01366 作
了錄文與校勘。後來又在《敦煌經部文獻合集》中（第二冊、第九冊）
對五件《毛詩音》作了更進一步的校錄。

　　高樂《敦煌〈毛詩音〉音切研究》（南京師範大學 2008 年碩士學
位論文）對《毛詩音》的聲韻調系統作了分析，但其中第四章第三節
「敦煌《毛詩音》又音現象」全部抄襲自筆者《法藏敦煌〈毛詩音〉「又
音」考》一文。

結語

　　敦煌本《詩經》寫卷的發現，是經學研究史上的大事，也是《詩
經》學史上的大事，這是關於《詩經》的出土文獻中最大宗材料，對
這批重要資料進行恰當合理的利用，相信可以解決《詩經》研究中的
諸多問題。

　　學者們研究《詩經》所據文本，基本上是宋代以來的刻本。而敦
煌《詩經》寫本是早於傳世刻本的中古時期寫本，可以說是刻本以前
《詩經》的文本形態，對於《詩經》學史的研究，具有重要價值。但現
在對於敦煌本《詩經》的研究，主要著眼在介紹、整理、比勘，而有
關於《詩經》的語言、韻讀、文字以及文本之演變等方面的研究很不
充分，應該引起學界的重視。

　　在日本收藏有為數不少的《詩經》抄本，其源頭當是六朝至唐時
從中國流傳到日本的寫本，在一定程度上保留了《詩經》文本的舊貌，

將敦煌寫卷與日本古抄本互證，以探尋中古時期的《詩經》文本流傳之脈絡，考察《詩經》異文之演變，是一個值得關注的新的學術增長點。已有學者導夫先路，作了一些有益的探索，但更深入而廣泛的研究則仍有待於學術界的進一步關注。

（原載《敦煌研究》2014 年第 1 期）

跋國家圖書館所藏敦煌《詩經》寫卷

《敦煌劫餘錄續編》在第 122 頁 A 面有這樣一項著錄：

逆刺占一卷，唐寫本，〇八三六。一一紙二八八行，尾題：於時天復貳載歲在壬戌四月丁丑朔七日河西敦煌郡州學工（當作「上」——筆者）足子弟翟再溫記，並雜寫字八行，卷中有硃筆圈點校字，背寫毛詩文王之什詁訓傳第廿三　大曆序。[1]

這裡著錄的是收藏在中國國家圖書館善本部的敦煌寫本中唯一一件《詩經》長卷。該卷之原編號為新 0836，今統一之北敦編號為 BD14636，《中國國家圖書館藏敦煌遺書精品選》曾選印了其中卷首十八行的內容[2]，並據首題定名為「毛詩文王之什詁訓傳第二十三」。該寫卷國家圖

1　　北京圖書館善本組編：《敦煌劫餘錄續編》，1981 年。

2　　中國國家圖書館善本特藏部、上海龍華古寺、《藏外佛教文獻》編輯部編：《中國國家圖書館藏敦煌遺書精品選》，2000 年，第 50 頁。

書館尚未正式公布，但曾在多次敦煌學術討論會期間展出過[3]。

第一個在文章中介紹這件寫卷的是向達先生，他在《記敦煌石室出晉天福十年寫本壽昌縣地境》一文中云：

余在敦煌見一石室卷子，一面為《毛詩詁訓傳》卷十六《大雅·文王之什》，背面書《逆刺占》，為奉達書。[4]

姜亮夫《莫高窟年表》、蘇瑩輝《敦煌學概要》皆據向達此文著錄[5]。但實際上向達早在一九四三年所作的《西征小記》一文中已作了詳細介紹：

天復二年瞿奉達寫《逆刺占》一卷，存二百九十六行，長四四一·七公分，首尾完具，僅卷中略有殘損。紙背唐人書《詩毛氏文王之什詁訓傳》第廿三卷十六鄭氏箋，存一百二十二行，卷首黏天成三年《具注曆序》不全，一面為《曆法立成》，只餘數行。此與殘《道經》等二種俱從張大千處見到。《逆刺占》藏敦煌鄧秀峰處，三十二年歸青海糧茶局局長韓某，裝裱時將《逆刺占》裱去，亦一劫也。《毛詩詁訓

3　2000 年 6 月，筆者到國家圖書館善本部閱覽館藏敦煌寫卷，得李際寧先生與黃霞女士的幫助，有幸得睹該卷全貌並獲允抄錄。

4　向達：《記敦煌石室出晉天福十年寫本壽昌縣地境》，《北平圖書館圖書季刊》新第 5 卷第 4 期，1944 年 12 月，此據《唐代長安與西域文明》，三聯書店 1957 年版，第 437 頁。

5　姜亮夫：《莫高窟年表》，上海古籍出版社 1985 年版，第 462 頁；蘇瑩輝：《敦煌學概要》，五南圖書出版有限公司 1988 年版，第 36 頁。

傳》當可補英、法所藏之闕佚。[6]

雖然《西征小記》的撰寫早於《記敦煌石室出晉天福十年寫本壽昌縣地境》，但由於它遲至一九五〇年才發表[7]，因而我們只能將《記敦煌石室出晉天福十年寫本壽昌縣地境》看作介紹該寫卷的第一篇文章。如果姜、蘇能依據《西征小記》進行著錄，那麼他們的著作中關於該寫卷的介紹內容必定更加豐富。

向達曾於一九四二年十二月二十八日從張大千處借來該卷，抄錄正背面的《毛詩詁訓傳》及《逆刺占》，並為之題記：

右唐人寫《詩毛氏文王之什詁訓傳》第廿三卷十六鄭氏箋殘卷，存一二二行，又五代天復二年翟奉達寫本《逆刺占》一卷，存二九六行，首尾完具，中略損十餘行，兩者分書於卷子兩面。首另粘殘紙一方，略同書衣，兩面書《天成三年具注曆序》及《曆法立成》，率殘缺不全。原卷白紙，全長四四一點七公分，高（原缺二字）公分，不知藏敦煌誰氏。卅一年十二月廿六日在張大千處見之，廿八日承張君假歸錄副，……《詩毛氏詁訓傳》廿卷，唐以後即已佚失，敦煌石室藏書出，遂重顯於世，往在英京，曾睹數卷，俱留影片；法京所藏，有三（王重民）亦為著錄；今茲所見，當又出於英法藏本之外，彌可珍貴。惜未能攝影，僅克錄一副本，至於兩書原本誤字複句，有如黃茅

6　向達：《西征小記》，《唐代長安與西域文明》，第 370 頁。榮新江《驚沙撼大漠——向達的敦煌考察及其學術意義》：「此文係 1943 年 1 月 16-21 日寫於莫高窟，以應中央研究院月報之約，後不知何故沒有發表。1944 年 9 月又在莫高窟重寫一過。1950 年春，交北京大學《國學季刊》發表，內容未加修改，以保存資料的原始性。」（《敦煌吐魯番研究》第 7 卷，中華書局 2004 年版，第 110 頁）

7　《國學季刊》第 7 卷第 1 期，1950 年 7 月。

白葦，彌望皆是，今悉仍其舊，不加勘定，藉存其真。卅一年十二月歲盡日，覺明居士謹識於敦煌莫高窟。

又，敦煌任子宜告予，此卷藏敦煌鄧秀峰處，張大千謂鄧氏索價一萬元，亦可謂破紀錄矣。卅二年三月四日，覺明補記。

三十三年五月重至敦煌，聞羅寄梅言此卷鄧氏已售諸青海韓輔臣矣。韓氏合所得他殘卷，粘裱為一長卷，《逆刺占》亦為粘沒，一劫也。九月十五日晨，覺明補記於鳴沙山下。[8]

根據向達的記載，我們對該寫卷的來龍去脈及其內容有了一定的了解。

這裡有必要對其中某些問題作一點解釋：

(1) 寫卷第一百零一至一百一十三行上截破缺，破缺處的修補紙上有鄧秀峰跋文（此紙應是鄧秀峰所黏貼）。由跋文我們知道該寫卷是鄧氏於一九三一年冬在敦煌市場上購買而來，跋文的撰寫時間是一九四三年正月初七（西曆 1943 年 2 月 11 日），應該是在向達歸還後數日所為。因而在向達的記載中，沒有提到鄧秀峰的跋文，當然也不會提及鄧秀峰寫卷的來歷。鄧秀峰在撰寫跋文的當年，就將寫卷賣給了青海糧茶局局長韓輔臣。但它是在什麼時候、在什麼情況下進入國家圖書館的，我們尚無從知曉，不知國家圖書館是否保存有相關檔案資料。

(2) 據向達記載，韓輔臣「合所得他殘卷，粘裱為一長卷，《逆刺占》亦為粘沒」。但今所存寫卷原件，《逆刺占》首尾完具，與向達描述的他當時所見之狀況沒有差別。可能此「粘裱為一長卷」的說法僅僅是傳聞而已，並不確切。

8　這則題記載於向達抄錄敦煌文獻而輯成的《敦煌餘錄》一書中，但該書尚未公開出版，此轉引自榮新江《驚沙撼大漠——向達的敦煌考察及其學術意義》一文（《敦煌吐魯番研究》第 7 卷，第 113 頁）。

　　(3) 向達在《西征小記》中以為寫卷抄有《逆刺占》的一面是正面，抄有《毛詩詁訓傳》的一面為背面；而在《記敦煌石室出晉天福十年寫本壽昌縣地境》一文中的說法則正好相反。《敦煌劫餘錄續編》的著錄，亦與《西征小記》的說法相同。

　　此寫卷一面為《逆刺占》，一面為《毛詩詁訓傳》。但《毛詩詁訓傳》始自《大雅・文王之什》卷題，至《皇矣》篇首章「監觀四方，求民之莫」鄭箋「監，視也」之「視」，其結尾已經殘缺，以下黏貼以《唐天成三年戊子歲具注曆日一卷》之序文（《大曆序》），其背面為《曆日推步術》的內容[9]。《逆刺占》末有翟奉達題記，云：「於時天復貳載歲在壬戌四月丁丑朔七日，河西敦煌郡州學上足子弟翟再溫記。」後並有七言及五言詩各一首。詩後又有三行題記云：「幼年作之，多不當路，今笑今笑。已前達走筆題撰之耳，年廿作。今年邁見此詩，羞煞人，羞煞人。」李正宇先生認為題記的前一部分是翟奉達二十歲為州學生時原題；後一部分自「幼年之作」至「羞煞人，羞煞人」，則為奉達年邁時之跋語[10]。據向達《記敦煌石室出晉天福十年寫本壽昌縣地境》的考證，翟奉達在後周顯德六年（959）時尚在世，時年七十七歲[11]；《大曆序》亦為翟奉達所撰，時年後唐天成三年（928），翟氏年四十七歲。即使古人年壽略短，但四十七歲似不應稱作年邁。因而翟奉達撰寫跋語，應在撰《大曆序》以後。將《大曆序》黏貼於《毛詩詁訓傳》末，可能是翟奉達所為。向達認為其用度是作為書衣，應該是正確的。但此《大曆序》抄件僅存卷首，乃是一片殘紙（具注曆日

9　此據鄧文寬定名，見氏著《敦煌天文曆法文獻輯校》，江蘇古籍出版社 1996 年版，第693 頁。

10　李正宇：《敦煌學郎題記輯注》，《敦煌學輯刊》1987 年第 1 期，第 30 頁。

11　《唐代長安與西域文明》，第 438 頁。

當年可用，隔年即作廢，故此殘紙可視為廢紙），且非翟奉達手書，因為他二十歲時所書《逆刺占》的書法遠勝於此，可能是後輩子弟之學書。《大曆序》背面為《曆日推步術》，考慮到翟家家學，那麼這《曆日推步術》也極有可能是翟家後輩學習的課目。可以説，自翟奉達二十歲起，這個寫卷就一直為他所有。他黏貼《大曆序》於《毛詩詁訓傳》末（時間可能即在年邁寫跋語時），並不是作《毛詩詁訓傳》的書衣，而是作《逆刺占》的書衣。《逆刺占》前後完具，《毛詩詁訓傳》前存後殘，可知當時州學生翟奉達乃是利用抄有《毛詩詁訓傳》之廢紙的背面抄寫《逆刺占》的。因而正確的説法應是抄有《毛詩詁訓傳》的一面為正面，抄有《逆刺占》的一面為背面。向達在《記敦煌石室出晉天福十年寫本壽昌縣地境》一文中的説法是對的。

寫卷共一百二十三行[12]，前十五行的字體稚拙，後一百零八行則書法端正；兩者行款亦頗不同。前十五行部分可能是後來抄補的（請參《中國國家圖書館藏敦煌遺書精品選》所影印部分的照片）。兩者皆硬筆所書，「世」、「民」、「治」、「基」諸字均不諱，唯第七十七行有「葇」字，應是「葉」之諱改字。這件寫卷的抄寫時間極有可能在唐中後期。當然它的下限是很明確的，不可能遲於天復二年（902）翟奉達抄寫《逆刺占》時。

寫卷所存者為《大雅・文王之什》中《文王》、《大明》、《綿》、《棫樸》、《旱麓》、《思齊》、《皇矣》七篇的內容，其中前六篇全，《皇矣》篇殘存《小序》及首章兩句。《毛詩》經文單行大字，《毛傳》及《鄭箋》雙行小字，這是一件毛鄭注本的《詩經》，即通常所説的《毛詩傳箋》本。在今所見其他的二十件敦煌本《毛詩傳箋》寫卷中，惟 P.2669 號

12　向達著錄為一百二十二行，乃是未計卷題，若連卷題計入，應是一百二十三行。

所存者亦為《大雅・文王之什》的內容，起《文王》第四章「假哉天命，有商孫子」箋「堅固哉」之「固」，至《文王有聲》末，《文王之什》十篇中唯第一篇《文王》殘缺前三章，餘皆全。此國圖藏卷正可補足彼殘缺之部分，從而使敦煌本的《大雅・文王之什》傳箋本成為完本。

此唐寫本《詩經》寫卷，相對於其他《詩經》寫卷來說，質量較差。向達形容該卷抄寫之誤「有如黃茅白葦，彌望皆是」[13]。寫卷中訛誤衍脫觸目皆是，若欲列舉，則不勝其煩，且無任何學術上的價值，徒費紙墨而已。茲略舉其以意擅改而致誤者數例於下，以免傳訛：

1.《文王》第四章「假哉天命，有商孫子。商之孫子，其麗不億」[14]，寫卷（11 行）作「假哉天命，有商孫子。商之子孫，其麗不億」。

案：「子孫」應為「孫子」之倒。第二章有「陳錫哉周，侯文王孫子。文王孫子，本支百世」句，句式與此同；《商頌・玄鳥》云：「商之先後，受命不殆，在武丁孫子。武丁孫子，武王靡不勝。」句式亦與此同，而均作「孫子」。寫卷作「子孫」，蓋因上句《箋》云「使臣有殷之子孫也」而改。「商之孫子」句之《鄭箋》「商之孫子，其數不徒億，多言之也」，寫卷「孫子」亦作「子孫」，可知其為臆改，非筆誤也。

2.《文王》第六章「殷之未喪師，克配上帝」《傳》：「帝乙已上也。」寫卷（19 行）作「帝，帝乙以上也」。

案：《箋》云：「殷自紂父之前，未喪天下之時，皆能配天而行，

<hr>

13　轉引自榮新江《驚沙撼大漠——向達的敦煌考察及其學術意義》，《敦煌吐魯番研究》第 7 卷，第 113 頁。

14　本文凡引用《詩經》及《毛傳》、《鄭箋》與孔穎達《正義》，除標明是敦煌寫卷外，其餘均據中華書局 1980 年影印之阮元編《十三經注疏》本。

故不忘也。」帝乙以下之商王僅紂王一人而已，紂王暴虐，文王「修德行善，諸侯多叛紂而往歸西伯」[15]。文王又「伐犬戎。明年，伐密須。明年，敗耆國。……明年，伐邘。明年，伐崇侯虎」[16]，終至於三分天下有其二。此即「殷之喪師」也；「殷之未喪師」乃指紂父帝乙以前諸商王在位時。是《毛傳》「帝乙已上」句乃是「殷之未喪師，克配上帝」全句之注腳。或人不解此意，以為「帝乙以上」乃是釋「帝」，故臆添一「帝」字。然「上帝」為一固定名詞，若釋「帝」為商朝諸王，則「上」字將作何解釋？其誤顯然。

　　3.《棫樸》首章「濟濟辟王，左右趣之」《箋》：「辟，君也。君王，謂文王也。」寫卷（87行）作「辟，君也。王，謂文王」。

　　案：鄭玄解經，在對經中之詞作訓詁後，凡重複經文，必以訓詁之語代之，如《邶風・凱風》「爰有寒泉」箋云：「爰，曰也。曰有寒泉者，在浚之下浸潤之。」《魏風・碩鼠》「碩鼠碩鼠」箋云：「碩，大也。大鼠大鼠者，斥其君也。」《小雅・天保》「羣黎百姓，徧為爾德」箋云：「羣眾百姓，徧為女之德。」《小雅・南山有臺》「遐不眉壽」箋云：「遐，遠也。遠不眉壽者，言其近眉壽也。」故「君」字不可無。《箋》訓「辟」為「君」，故以「辟王」為「君王」，寫卷無「君」者，蓋或人以為經無「君」字而刪之也。

　　當然，寫卷之錯譌並非都是此卷抄寫者所為，可能有很大部分是承襲而來。但我們只是就事論事，並非要去追究抄寫者的什麼責任，而只是說明該寫卷存在著較多的錯誤，在使用時需善加甄別。

　　不過，由於該寫卷抄成於唐代，而今所能見到的傳世版本除僅有

15　《史記》卷三《殷本紀第三》，第107頁。

16　《史記》卷四《周本紀第四》，第118頁。

《毛詩》經文的《唐石經》之外，均為宋以後之本，因而在時間上來說，可謂《詩經》之古本，其價值不可忽視，茲條舉於下：

（一）可藉以證阮元《毛詩校勘記》之善

阮元《毛詩校勘記》利用七種版本對宋刻十行本《毛詩注疏》作了極為細緻的校勘，任其事者為清代著名校勘學家顧廣圻，最後又由阮元統覽全書。《毛詩校勘記》詳博精深，至今尚無出其右者。寫卷抄於唐代，雖未必早於《唐石經》，但其傳箋之文，則非《石經》所有，其時代亦非阮氏所據宋刻本所能比擬，因而往往有可以印證阮校之善者。

1.《大明》五章「文定厥祥，親迎於渭」《箋》云：「賢美配聖人。」

阮校：「『美』當作『女』，《正義》可證。」寫卷（36行）「賢美」正作「賢女」，可證阮校之善。

2.《綿》首章「古公亶父，陶復陶穴，未有家室」《箋》：「諸侯之臣，稱君曰公。」

阮校：「『稱君曰公』，小字本同。閩本、明監本、毛本同。相臺本『稱』下有『其』字，案有者是也。」寫卷（57行）即作「諸侯之臣，稱其君曰公」，可為阮說補一證。

3.《旱麓》第六章「莫莫葛藟，施於條枚」《箋》：「葛也、藟也，延蔓於木之枚本而茂盛。」

阮校：「『延蔓於木之枚本而茂盛』，小字本、相臺本『枚』作『枝』。案『枝本』是也。枝，條也；本，枚也。」寫卷（106行）正作「枝」。

（二）可藉以補今本之脫漏

阮元《毛詩校勘記》蒐羅七種異本校勘宋刻十行本《毛詩注疏》，並利用《經典釋文》及清代學者的研究成果，詳盡地列舉了《毛詩》

經、傳、箋及正義的異文，並予以精校詳考，歷來號稱善本。但此寫卷為唐代抄本，非阮元所及見，其中多有可證後世刻本脫漏者。若無寫卷，則此類脫漏難以為世人所知曉，《毛詩傳箋》之原貌亦必仍湮滅而不聞於世也。

1. 《大明》第四章「文王初載，天作之合」《箋》：「則豫福助之於文王，生適有所識，則為之生配於氣勢之處，使必有賢才。謂生大姒。」

寫卷（33行）「生配」作「生賢妃」。

案：《說文・酉部》：「配，酒色也。」段注：「本義如是，後人借為『妃』字，而本義廢矣。」[17]《女部》：「妃，匹也。」段注：「引申為凡相耦之偶。《左傳》曰『嘉耦曰妃』，其字亦叚『配』為之。」[18]是寫卷作「妃」為正字，今本作「配」，則為借字。《皇矣》第二章「天立厥配，受命既固」《箋》云：「天既顧文王，又為之生賢妃，謂大姒也。」亦云「為之生賢妃」。《正義》云：「詩人述其所居，明是美其氣勢，故云為生賢妃於氣勢之處。」是孔所據本亦與寫卷同。P.2669 作「為之生賢配」，亦有「賢」字。由以上數證，可知今本無「賢」者，應是挩文。《皇矣》箋「生賢妃」句，P.2669 作「妃」而不作「配」，可知此處作「配」者，應非《鄭箋》原貌。

2. 《綿》第三章「周原膴膴，菫荼如飴」《箋》云：「其所生菜，雖有性苦者，甘如飴也。」

寫卷（62行）「甘」前有「皆」字，作「皆甘如飴也」。

案：《毛傳》云：「菫，菜也。荼，苦菜也。」陳奐《詩毛氏傳疏》

17　《說文解字》十四篇下《酉部》，第748頁。
18　《說文解字》十二篇下《女部》，第614頁。

云：「菫當作堇，通作堇。《説文》：『堇，艸也。根如薺，葉如細柳，蒸食之甘。』《爾雅》：『䕡，苦堇。』郭注云：『今堇葵也，葉似柳，子如米，汋食之滑。』是堇即苦堇矣。……郝懿行《爾雅義疏》云『余按生下濕者葉厚而光，細於柳葉，高尺許，莖紫色，味苦，瀹之則甘。』是郝目驗堇菜，本味亦苦也。」[19]堇及荼皆為苦菜，故鄭玄云「皆甘如飴也」。《正義》云：「雖性本苦，今盡甘如飴味然。」是孔所據本亦有「皆」字。P.2669 作「皆甘如飴」，亦有「皆」字。足證今本無「皆」者脱耳。

3. 《綿》第五章「乃召司空，乃召司徒，俾立室家」《箋》云：「司徒掌徒役之事。」

寫卷（67 行）作「司徒掌教乃（「乃」為「及」之形誤——筆者）徒役之事」。較之今本多「掌教」之內容。

案：《周禮・地官・敘官》云：「乃立地官司徒，使帥其屬而掌邦教，以佐王安擾邦國。」《禮記・王制》：「司徒修六禮以節民性，明七教以興民德，齊八政以防淫，一道德以同俗，養耆老以致孝，恤孤獨以逮不足，上賢以崇德，簡不肖以絀惡。」是司徒的主要職掌為教化民眾。P.2669 此句作「司徒掌教及徒眾之事」，亦有「掌教」二字。今本無者，輾轉傳寫過程中脱漏所致也。

惟「徒役」二字，P.2669 作「徒眾」，與此卷及阮刻本均不同，似有討論之必要。《周禮・地官・小司徒職》：「凡起徒役，毋過家一人。」又《鄉師職》：「以國比之灋，以時稽其夫家眾寡，辨其老幼、貴賤、癈疾、馬牛之物，辨其可任者與其施捨者（鄭玄注：施捨，謂應復免，不給繇役），掌其戒令糾禁，聽其獄訟。大役，則帥民徒而至，治其政

19　《詩毛氏傳疏》卷二十三《文王之什詁訓傳・綿》，第 18B-19A 頁。

令；既役，則受州里之役要，以考司空之辟，以逆其役事。」又《遂人職》：「以歲時登其夫家之眾寡及其六畜、車輦，辨其老幼、癈疾與其施捨者，以頒職做事，以令貢賦，以令師田，以起政役。」鄭玄注：「政役，出士徒役。」《儀禮・既夕禮》「既正枢，賓出，遂匠納車於階閒」鄭玄注：「遂匠，遂人、匠人也。遂人主引徒役，匠人主載枢窆，職相左右也。」（「遂人」為司徒屬官——筆者）是地官司徒又掌徒役之事。作「徒眾」不能反映出司徒主管全國民眾役事之職掌，當以作「徒役」為善。

（三）可藉以糾今本之誤改

典籍輾轉傳抄，不僅有魯魚亥豕之偶誤，亦有增刪改削之臆為，若無善本古本為佐證，則不易發現其誤，亦不易糾正其誤。此寫卷雖非善本，然稱之為古本則不應有異議。今本《毛傳》、《鄭箋》有為後人奮筆臆改者，若無寫卷，曷以知之？

1. 《文王》第三章「世之不顯，厥猶翼翼」《傳》：「翼翼，恭敬。」寫卷（8行）作「翼翼，恭也」。

案：《爾雅・釋詁下》：「儼、恪、祗、翼、諲、恭、欽、寅、熯，敬也。」恭、敬同義。故《釋訓》云：「穆穆、肅肅，敬也。」又云：「肅肅、翼翼，恭也。」或言「恭」，或言「敬」，因其義無別也。《大雅・常武》「綿綿翼翼」毛傳：「翼翼，敬也。」《周南・兔罝》「肅肅兔罝」毛傳：「肅肅，敬也。」《大雅・思齊》「肅肅在廟」毛傳：「肅肅，敬也。」未有以雙音詞「恭敬」為訓者。《鄭箋》方有以「恭敬」為訓者，《周南・兔罝》「肅肅兔罝」《箋》云：「罝兔之人，鄙賤之事，猶能恭敬，則是賢者眾多也。」《大雅・烝民》「令儀令色，小心翼翼」《箋》云：「善威儀，善顏色容貌，翼翼然恭敬。」《毛傳》釋義多本《爾雅》，此釋「翼翼」為恭，即承《爾雅・釋訓》「肅肅、翼翼，恭也」

之訓。今本作「恭敬」者，後人所改也。孔穎達《毛詩正義》云：「敬是恭之類，故連言之。」是孔所見本已誤作「恭敬」。陳奐《詩毛氏傳疏》改《毛傳》為「翼翼，恭敬也」，乃據毛釋詞之句式而添「也」字，不悟《毛傳》本作「恭也」，是於《毛傳》體例尚有未達者也。

2.《綿》第五章「其繩則直，縮版以載，作廟翼翼」《傳》：「乘謂之縮。」《箋》云：「乘，聲之誤，當為繩也。」

寫卷（69行）作「乘當為繩，聲之誤」。

案：鄭玄箋《詩》、注《三禮》，凡於聲誤或形誤之字，皆用「×當為×，聲（字）之誤也」的句式表示，如《詩·周頌·昊天有成命》「於緝熙，單厥心，肆其靖之」《毛傳》：「熙，廣；單，厚；肆，固。」《鄭箋》云：「廣當為光，固當為故，字之誤也。」《周禮·天官·內饔職》「豕盲視而交睫，腥」鄭注：「腥當為星，聲之誤也，肉有如米者似星。」《儀禮·士冠禮》「加俎，嚌之，皆如初，嚌肺」鄭注：「嚌當為祭，字之誤也。」《禮記·曲禮上》「主人先登，客從之，拾級聚足」鄭注：「拾當為涉，聲之誤也。」惟《詩大序》「哀窈窕，思賢才」《鄭箋》「『哀』蓋字之誤也，當為『衷』」為特例，因尚為疑似之詞，不能寫作「哀當為衷，蓋字之誤也」，故康成不以「×當為×，聲（字）之誤也」之固定句式表示。此當以寫卷為善。《正義》標起止作「為繩」，則孔穎達所據本已誤矣。

（四）可藉以考見《詩經》傳本之異文，以明音注之不誤

《綿》第六章「築之登登，削屢馮馮」，P.2669 在「屢」之卷背注音「恭具」，《廣韻》「屢」音「良遇切」，在來紐，《經典釋文》及諸家韻書亦均讀來紐，而此則以見紐字「恭」作切，不可解。故潘重規

云：「恭蓋誤字。」[20]寫卷（70行）此「屨」字作「履」。

案：「屨」字，段玉裁《詩經小學》釋為「空」[21]，焦循《毛詩補
疏》釋為「斂」[22]。馬瑞辰《毛詩傳箋通釋》皆不以為然，認為應
讀作「僂」，義為隆高[23]。不論其究為何義，寫卷作「履」，定然不合詩
意。「履」應是誤字。《說文・履部》：「屨，履也。」[24]《方言》卷四：
「屨，粗履也。」[25]《玉篇・履部》：「屨，履屬，麻作謂之屨也。」[26]因
屨、履義同，故二者典籍常有通用者，《禮記・玉藻》「乃屨，進飲」，
《經典釋文・禮記音義》：「屨，本又作履。」[27]《莊子・達生》「忘足，
屨之適也」[28]，S.615《南華真經達生品第十九》「屨」作「履」。《廣韻》
「屨」音九遇切，正與 P.2669 卷背注音「恭具」合，則此音「恭具」
者，應是為「屨」所作也。據此亦可以推知，《詩經》在流傳過程中，
「削屢馮馮」有作「削屨馮馮」之本。「削屢馮馮」即是從「削屨馮馮」
演變而來，手民多見「履」，少見「屨」，故奮筆易「屨」為「履」。我
們由此「履」字而推知《詩》有作「屨」之本，從而方才明瞭「恭具」
之音的由來。然作「屨」亦非《詩》之本字，「屨」應是「屢」之誤。
二字形近，有致誤之由。《史記・季布欒布列傳・太史公曰》「身屢軍

20　潘重規：《敦煌毛詩詁訓傳殘卷題記》，《敦煌詩經卷子研究論文集》，香港新亞研究
　　所 1970 年版，第 3 頁。

21　段玉裁：《詩經小學》，《清經解》第 4 冊，第 181 頁。

22　（清）焦循：《毛詩補疏》，《清經解》第 4 冊，第 649 頁。

23　《毛詩傳箋通釋》卷二十四《大雅・緜》，第 821 頁。

24　《說文解字》八篇下《尸部》，第 175 頁。

25　（漢）揚雄著，（清）錢繹箋疏：《方言箋疏》卷四，上海古籍出版社 1984 年版，第
　　280 頁。

26　《宋本玉篇》卷十一《履部》，第 216 頁。

27　《經典釋文》卷十二《禮記音義之二・玉藻第十三》「乃屨」條，第 189 頁。

28　《莊子集釋》卷七上《達生第十九》，第 662 頁。

搴旗者數矣」，裴駰《集解》引徐廣曰：「屨，一作屢。」[29]即二字互誤之例。《詩・齊風・南山》「葛屨五兩，冠緌雙止」，S.2729《毛詩音》第一百一十五行出「屢」字，音「恭具」，「屢」即「屨」之誤，其注音「恭具」，正與 P.2669 之卷背注音相同，更可證「恭具」即為「屨」之切語。是「恭具」之「恭」非誤字，「恭具」乃是據誤本經文所作之音也。

（五）可藉以推知《毛傳》之原貌，而知今本之誤

《綿》第五章「其繩則直，縮版以載」《傳》：「言不失繩直也。乘謂之縮。」

案：訓詁術語「謂之」用來解釋事物之異名或確定事物之義界，並且被釋詞放在後面。此處「縮」在後面，故知乃是解釋「縮板以載」之「縮」，而且《毛傳》前句云「言不失繩直也」，解釋「其繩則直」，亦可證此句乃釋「縮」字。「縮」為動詞，「繩」（《毛傳》作「乘」，為「繩」之誤，説見《鄭箋》）為名詞，用「繩」釋「縮」，不惟無補，更滋疑惑。《爾雅・釋器》曰：「繩之謂之縮之。」此《爾雅》釋《詩》也，然《詩》「縮」下並無「之」字。寫卷（68 行）作「乘之謂縮之」，較《爾雅》少一「之」字。訓詁術語「謂」乃是「用以説明這個詞兒專指或影射某一特定的事物。『謂』和『謂之』不同：使用『謂之』時，被釋的詞放在謂之的後面；使用『謂』時，被釋的詞放在謂的前面」[30]。那麼，「乘之謂縮之」乃是以「縮之」釋「乘之」了。但《詩》「縮」下並無「之」字，而且與詩義不合，「其」字亦將無處著落。若將「乘之謂縮之」倒作「乘之謂之縮」，成為「謂之」句式，即將「縮」

29　《史記》卷一百《季布欒布列傳第四十》，第 2735 頁。

30　郭在貽：《訓詁學》，湖南人民出版社 1986 年版，第 72 頁。

釋為「乘之」，亦即「繩之」。「縮版以載」者，即用繩將築版縛束住使之樹立起來。如此詩義方順，如此亦可知《爾雅・釋器》「繩之謂之縮之」最後一「之」字為衍文。周祖謨《爾雅校箋》據原本《玉篇》「繩」下引《毛傳》作「乘之謂之縮」，謂《爾雅》「縮」下衍「之」字[31]，是也。《玉篇》所引《毛傳》正與我們上面所證相合。《正義》引《釋器》曰：「繩謂之縮。」然下又云：「《爾雅》復言『縮之』，明縮用繩束之也。」可知其所引已為後人改篡，非孔書原貌也。

（原載國家圖書館善本特藏部敦煌吐魯番學資料研究中心編《敦煌學國際研討會論文集》，北京圖書館出版社 2005 年版）

31　周祖謨：《爾雅校箋》，江蘇教育出版社 1984 年版，第 237 頁

英俄所藏敦煌寫卷《毛詩音》的文獻價值

　　S.2729B《毛詩音》收藏在英國圖書館，起《詩大序》「王者之風，故繫之周公」句注音「王者」條，至《唐風・山有樞》「子有廷內，弗洒弗埽」句注音「埽」字條，共一百二十九行。Дx.01366《毛詩音》收藏在俄羅斯科學院東方學研究所聖彼得堡分所，起《齊風・載驅》「行人儦儦」句注音「儦」字條，訖《秦風・駟驖》「舍拔則獲」《鄭箋》「拔，括也」句注音「括」字條，共十七上半行。兩者本為一卷之裂[1]，Дx.01366 的前九行即為 S.2729 末九行之上截，兩卷綴合後，共一百三十六行。寫卷以毛亨傳、鄭玄箋《詩經》為底本，摘字注音，詞目單行大字，音注雙行小字。

　　寫卷前後殘缺，不見書卷名號及著者姓氏。王重民先生以為是撰

1　〔俄〕孟列夫主編，袁席箴、陳華平譯：《俄藏敦煌漢文寫卷敘錄》，上海古籍出版社 1999 年版，第 608-609 頁；潘重規：《倫敦藏斯二七二九號暨列寧格勒藏一五一七號敦煌毛詩音殘卷綴合寫定題記》，《敦煌詩經卷子研究論文集》，香港新亞研究所 1970 年版，第 77 頁。

成於顏師古後孔穎達前之《詩音》彙編本[2]；潘重規先生據 S.2729B 第十五行「息」字音注有「炫以及來息韻」句[3]，認為是隋劉炫所撰《毛詩音》[4]；王利器則認為是劉炫所著《毛詩述義》[5]，後又在《經典釋文考》一文中否定此說，認為是劉炫的《五經正名》[6]；平山久雄、張寶三均認為寫卷非劉炫之作[7]。今謂寫卷既然引用劉炫之說，則其寫作時間當在劉炫以後，至於作者何人，在目前的情況下，文獻不足，闕疑可也。

王重民、潘重規、王利器諸先生的文章純是對寫卷作者的考察，平山的系列論文則重在對寫卷反切結構的考訂[8]，唯有張寶三《倫敦所藏斯二七二九號敦煌〈毛詩音〉殘卷論考》對寫卷的經學價值作過一

2　王重民：《敦煌古籍敘錄》，第 43-44 頁。

3　潘重規《敦煌詩經卷子研究論文集・序》：「余讀倫敦斯二七二九毛詩音殘卷，訂『垃』為『炫』字，判詩音乃劉炫所作。或謂但憑臆測，未有明徵。及讀巴黎伯三六九三號切韻殘卷上聲廿五銑云：『泣，露光，胡犬反。』是六朝唐人書『泫』作『泣』之明證。由是推之，則『垃』之為『炫』，豁然碻斯，無可置疑矣。」（《敦煌詩經卷子研究論文集》，第 5 頁）張金泉、許建平《敦煌音義滙考》：「《隋書・經籍志》有劉炫《毛詩述義》四十卷。《正義》云：『疑《經》休息之字作休思也。何則？《詩》之大體，韻在辭上，疑休、求字為韻，二字俱作思。』據此，則知殘卷『來』為『求』之譌，『忍』為『思』之譌。」（杭州大學出版社 1996 年版，第 142 頁）

4　潘重規：《倫敦藏斯二七二九號暨列寧格勒藏一五一七號敦煌毛詩音殘卷綴合寫定題記》，《敦煌詩經卷子研究論文集》，第 81 頁。

5　王利器：《跋敦煌唐寫本劉炫毛詩述議》，載《文獻》1983 年第 3 期；《跋〈毛詩述義〉（擬）》，見《王利器論學雜著》，北京師範學院出版社 1990 年版，第 347-348 頁。

6　王利器：《經典釋文考》，見《曉傳書齋集》，華東師範大學出版社 1997 年版，第 71 頁。

7　平山久雄：《敦煌〈毛詩音〉殘卷反切的結構特點》，《古漢語研究》1990 年第 3 期；張寶三：《倫敦所藏斯二七二九號敦煌〈毛詩音〉殘卷論考》，《隋唐五代經學國際研討會論文集》，臺北「中央研究院」中國文哲研究所 2009 年版，第 295-309 頁。

8　平山久雄：《敦煌毛詩音殘卷反切の研究（上）》，《北海道大學文學部紀要》第 14 號第 3 分冊，1966 年 3 月；《敦煌毛詩音殘卷反切の研究（中の 1）》，《東洋文化研究所紀要》第 78 冊，1979 年 3 月。

些探討[9]。本文則希望通過對寫卷具體內容的分析，從異文與注音兩個方面來考探其所蘊含之文獻價值。

一、由異文考探寫卷之文獻價值

「凡同一書的不同版本，或不同的書記載同一事物而字句互異（包括通假字和異體字），都稱異文。」[10]通過對典籍在流傳過程中產生的異文的研究，我們可藉以辨明字句正誤、探究撰作年代、鑑別版本優劣、復原舊籍本真。《毛詩音》寫卷是唐代抄本[11]，去古未遠，故存古較多。今將寫卷所出《毛詩》之經、傳、箋詞目與傳世阮刻本《毛詩正義》的相關內容進行對勘，據其異文以考寫卷之價值。

（一）存《毛詩》經傳之本字，可考知《毛詩》經傳之原貌

《毛詩》自東漢鄭玄作《箋》以後，逐漸定於一尊。但在流傳過程中，傳抄者往往以後起習見之新字代替原有之古字，《毛詩》之原貌多所改易。今寫本頗有可證後世傳本之改動者。

筆者曾有《英藏敦煌〈毛詩音〉寫卷所見〈毛詩〉本字考》一文[12]，考證了 S.2729B《毛詩音》所存為《毛詩》本字者十三例，今再補充三例。

1. 《衛風・碩人》：「領如蝤蠐，齒如瓠犀。」[13]

9　張寶三：《倫敦所藏斯二七二九號敦煌〈毛詩音〉殘卷論考》，見《隋唐五代經學國際研討會論文集》，臺北「中央研究院」中國文哲研究所 2009 年版，第 309-316 頁。

10　辭海編輯委員會：《辭海》，上海辭書出版社 2000 年版，第 3057 頁。

11　平山久雄：《敦煌〈毛詩音〉殘卷反切的結構特點》，《古漢語研究》1990 年第 3 期。

12　許建平：《英藏敦煌〈毛詩音〉寫卷所見〈毛詩〉本字考》，《敦煌學輯刊》2007 年第 3 期。

13　《毛詩正義》卷三之二《衛風・碩人》，第 129 頁。

　　《經典釋文》「蠐」作「齏」，云：「本亦作蠐，又作齊，同，音齊。」[14]案《說文》無「蠐」字，《蟲部》：「蝤，蝤齏也。」[15]陳壽祺《左海經辨・說文經字攷》云：「『齏』即『領如蝤蠐』之『蠐』。」[16]張慎儀《詩經異文補釋》云：「齏、蠐古今字。」[17]是作「齏」者為本字，「蠐」為後起別體也。S.2729B 第七十五行出「齏」字，與《釋文》所據本同，存《毛詩》之本字也。

　　2.《鄭風・有女同車》「顏如舜華」《毛傳》：「舜，木槿也。」[18]

　　《說文・艸部》：「蕣，木菫，朝華暮落者。《詩》曰：『顏如蕣華。』」[19]陳奐云：「菫，俗作槿。」[20]《說文》無「槿」字，雷濬云：「《說文・艸部》有『蕣』字，為『槿』之正字。」[21]《艸部》「蕣」篆下段玉裁注：「今經典通用『蕣』字。」[22]張舜徽云：「經傳皆作蕣，不從艸，乃省借耳。」[23]

　　案《說文・菫部》：「菫，黏土也。從土從黃省。」[24]孫海波以「菫」字卜辭從黃從火，「知《說文》訓從土者乃從火之譌。菫字本義訓謹慎，訓少，從黃火會意則未詳。許君訓『黏土』固非初義，董作賓氏訓『象人衣冠整齊，兩手交叉恭謹之狀』則尤非。卜辭菫字之義，訓

14　《經典釋文》卷五《毛詩音義上・衛淇奧第五・碩人》「齏」條，第 61 頁。

15　《說文解字》十三篇上《虫部》，第 279 頁。

16　陳壽祺：《左海經辨》，《清經解》第 7 冊，上海書店 1988 年版，第 214 頁。

17　張慎儀：《詩經異文補釋》卷三，清光緒至民國間《箋園叢書》本，第 13B 頁。

18　《毛詩正義》卷四之三《鄭風・有女同車》，第 171 頁。

19　《說文解字》一篇下《艸部》，第 21 頁。

20　陳奐：《詩毛氏傳疏》卷七《鄭緇衣詁訓傳・有女同車》，第 18A 頁。

21　雷濬：《說文外編》卷十《經字・爾雅》，第 325 頁。

22　《說文解字注》一篇下《艸部》，第 45 頁。

23　張舜徽：《說文解字約注》卷二，中州書畫社 1983 年版，第 78B 頁。

24　《說文解字》十三篇下《菫部》，第 290 頁。

本誼者少，其假為『覯』『䕫』二義，則皆同聲孳生之義」[25]。李時珍《本草綱目》在「木槿」條下云：「此華朝開暮落，故名日及。日槿日蕣，猶僅榮一瞬之義也。」[26]楊樹達云：

《爾雅‧釋草》曰：「椴，木堇。」《釋文》云：「堇，本作槿。」按槿字許書不載。一篇下艸部曰：「蕣，木堇，朝華莫落者。」《呂氏春秋‧仲夏紀》高注曰：「木堇朝榮暮落，雒家謂之朝生，一名蕣，《詩》云：顏如蕣華，是也。」說與許同。按此朝華莫落之草所以名堇或槿者，謂其華時僅少也。又名椴或蕣者，椴之為言短也，蕣之為言瞬也，皆言其華時短促也。或名朝生，或又名日及，亦此義也。[27]

楊氏因謂「堇」聲字有寡少義，如謹者，言少也；饉者，食少也；勤者，力少也；廑者，屋小也[28]。謹、饉、勤、廑均「堇」字孳乳也。郭沫若云：「古金文凡瑾覲勤謹均以堇字為之。」[29]如《宗周鐘》「王肇遹眚文武，堇彊土」，郭沫若釋「堇」為「勤」[30]；《頌鼎》「反入堇章」，郭沫若云：「當讀為『返納瑾璋』。」[31]

《爾雅‧釋草》：「椴，木槿；櫬，木槿。」郭璞注：「別二名也。

25　李圃主編：《古文字詁林》第 10 冊，上海教育出版社 2004 年版，第 310 頁。

26　（明）李時珍編纂，劉衡如、劉山永校注：《本草綱目》卷三十六《木部三》「木槿」條，華夏出版社 1998 年版，第 1426 頁。

27　楊樹達：《積微居小學金石論叢》卷一《釋謹》，中華書局 1983 年版，第 14 頁。

28　楊樹達：《積微居小學金石論叢》卷一《釋謹》，第 14 頁。

29　郭沫若：《兩周金文辭大系圖錄考釋》上編《頌鼎》，上海書店出版社 1999 年版，下冊第 73B 頁。

30　郭沫若：《兩周金文辭大系圖錄考釋》上編《宗周鐘》，下冊第 51A 頁。

31　郭沫若：《兩周金文辭大系圖錄考釋》上編《頌鼎》，下冊第 73A 頁。

似李樹，華朝生夕隕，可食。」[32]因其似李樹，《本草綱目》入之於木部，李時珍云：「槿，小木也。可種可插，其木如李。」[33]謂其為草，則從艸旁作「菫」；謂其為木，則從木旁作「槿」，二字皆「菫」之後起字也。S.2729B 第一零四行作「菫」，存本字也。

　　3.《唐風·揚之水》「揚之水，白石粼粼」《毛傳》：「粼粼，清澈也。」[34]

　　《釋文》云：「澈，直列反。或作徹，誤。」[35]案王力《同源字典》云：「水通明為『澈』。《說文》無『澈』字。『澈』是後起的分別字，以別於一般通徹的『徹』。」[36]毛公作《傳》時尚無「澈」字，Дx.01366 第十一行此字即作「徹」，存本字也，《釋文》以不誤為誤。

（二）有《釋文》所無之異文，可知此為陸德明未曾寓目之《毛詩音》

　　《經典釋文·序錄》云：「余既撰音，須定紕謬，若兩本俱用，二理兼通，今竝出之，以明同異。其涇渭相亂，朱紫可分，亦悉書之，隨加刊正。復有他經別本，詞反義乖，而又存之者，示博異聞耳。」[37]陸德明撰《經典釋文》，不僅集漢魏六朝音訓之大成，而且於當時之諸經異本，亦靡不廣蒐博採，其所錄諸經異文，對於我們考察六朝經學有極大之價值。《毛詩音》寫卷中卻有《釋文》未及之異文，可知此為陸德明未曾寓目之《毛詩音》。張寶三《倫敦所藏斯二七二九號敦煌〈毛

32　《爾雅注疏》卷八《釋草第十三》，第 134 頁。

33　李時珍：《本草綱目》卷三十六《木部三》「木槿」條，第 1426 頁。

34　《毛詩正義》卷六之一《唐風·揚之水》，第 219 頁。

35　《經典釋文》卷五《毛詩音義上·唐蟋蟀第十·揚之水》「澈也」條，第 68 頁。

36　王力：《同源字典》，商務印書館 1982 年版，第 491 頁。

37　《經典釋文》卷一《序錄·條例》，第 2 頁。

詩音〉殘卷論考》一文曾列舉兩例[38]，茲再補充三例。

1.《周南・葛覃》：「集於灌木，其鳴喈喈。」[39]《釋文》：「灌，古亂反，叢木也。」[40]未言有異文。《爾雅・釋木》「灌木，叢木」郭璞注引《詩》曰：「集於灌木。」[41]《釋文》出「樌」字，云：「古亂反，字又作灌。」[42]是陸德明撰《爾雅音義》時所據《爾雅》底本所引《葛覃》「灌」作「樌」，別本異文作「灌」。嚴元照云：「《說文・木部》無『樌』字。自《石經》以後各本及《毛詩》經、傳、正義皆作『灌』。」[43]王先謙云：「《詩》釋文『灌木』下毛無『亦作』本，則作『樌』者，魯家異文也。」[44]案 S.2729B 第五行出「樌」字，則《毛詩》亦有作「樌」之本。《釋文》未言有異本，陸未見此《毛詩音》也。

2.《周南・卷耳》：「我僕痡矣，云何吁矣。」[45]《釋文》：「吁，香于反，憂也。」[46]未言有異本。馬瑞辰、張慎儀皆以「吁」為「忬」之

38　張寶三：《倫敦所藏斯二七二九號敦煌〈毛詩音〉殘卷論考》，見《隋唐五代經學國際研討會論文集》，臺北「中央研究院」中國文哲研究所 2009 年版，第 309-311 頁。

39　《毛詩正義》卷一之二《周南・葛覃》，第 30 頁。

40　《經典釋文》卷五《毛詩音義上・周南關雎故訓傳第一・葛覃》「灌木」條，第 54頁。

41　《爾雅注疏》卷九《釋木第十四》，第 160 頁。

42　《經典釋文》卷三十《爾雅音義下・釋木第十四》「樌」條，第 429 頁。

43　嚴元照：《爾雅匡名》，《清經解續編》第 2 冊，第 1201 頁。

44　王先謙：《詩三家義集疏》卷一《周南關雎第一・葛覃》，第 19 頁。

45　《毛詩正義》卷一之二《周南・卷耳》，第 34 頁。

46　《經典釋文》卷五《毛詩音義上・周南關雎故訓傳第一・卷耳》「吁矣」條，第 54頁。

借字[47]。案《說文・心部》：「忏，憂也。」[48]《口部》：「吁，驚也。」[49]馬、張二氏所言是也。S.2729B第十行出「忬」字（「忬」為「忏」之異體），陸氏不錄者，未見此《毛詩音》也。

3.《王風・中谷有蓷》「中谷有蓷，暵其乾矣」《毛傳》：「蓷，鵻也。」[50]《釋文》云：「鵻，音隹。《爾雅》又作『萑』，音同。」[51]陸氏所言《爾雅》作「萑」，當指《爾雅・釋草》「萑，蓷」句[52]，嚴元照云：「以鵻代萑，蓋假借字。」[53]《釋文》於後《大車》「毳衣如菼」《毛傳》「菼，鵻也」下注云：「鵻，本亦作萑，音隹。」[54]於《大車》出異文「萑」，而於此《中谷有蓷》篇不出，是德明所見諸本，「鵻」未有作「萑」者，故引《爾雅》以為證。S.2729B第九十行出「萑」，知德明未見此《毛詩音》也。

二、由音注考探寫卷之文獻價值

《毛詩音》寫卷乃音義類著作，其重點在於音注。由注音可考其音韻系統，亦可為中古音研究之重要資料。細繹其音注，於文獻學研究上亦有其價值存焉。

47　（清）馬瑞辰撰，陳金生點校：《毛詩傳箋通釋》卷二《周南・卷耳》，中華書局1989年版，第47頁；張慎儀：《詩經異文補釋》卷一，清光緒至民國間《箋園叢書》本，第6A頁。

48　《說文解字》十篇下《心部》，第223頁。

49　《說文解字》二篇上《口部》，第33頁。

50　《毛詩正義》卷四之一《王風・中谷有蓷》，第151頁。

51　《經典釋文》卷五《毛詩音義上・王黍離第六・中谷有蓷》「鵻」條，第63頁。

52　《爾雅注疏》卷八《釋草第十三》，第135頁。

53　嚴元照：《爾雅匡名》，《清經解續編》第2冊，第1194頁。

54　《經典釋文》卷五《毛詩音義上・王黍離第六・大車》「鵻也」條，第63頁。

（一）可證舊籍注音之不誤

《尚書·旅獒》「巢伯來朝」《釋文》:「巢,仕交反,徐呂交反。」[55]
吳承仕《經籍舊音辨證》云:「毛居正《六經正誤》曰:『呂交反,呂
當作石。』承仕按:『仕』屬牀、『石』屬禪,聲相近;若『呂』則屬
來,聲類絕遠矣。居正所改,近得其實,然《類篇》、《集韻》『巢』
字並有『力交』一切,注云『國名』,則北宋本固作『呂交反』矣。」[56]
黃侃《經籍舊音辨證箋識》云:「勤、勞一語之變,『巢』有來紐者,
何足怪耶?毛改作『石交』,『石交』乃為舌音之變,古當屬定紐。然
則又何不可作來紐耶?」[57]案 S.2729B 第十八行「巢」音「林肴」,與《旅
獒》釋文所引徐邈「呂交反」之聲韻相同,可知「巢」有讀作來鈕
者[58]。而且此「巢」乃為《召南·鵲巢》小序「《鵲巢》,夫人之德也」
之「巢」作音,則巢穴之「巢」亦可讀作來紐,非僅國名之「巢」也。
《爾雅·釋言》「漀,盪也」《釋文》:「漀,仕其反,又呂其反。」[59]讀
「漀」為「呂其反」者,亦牀紐字讀入來紐也。

（二）可補輯徐邈《毛詩音》之佚文

《衛風·芄蘭》「雖則佩韘,能不我甲」[60], S.2729B 第八十五行出
「甲」字條,注云:「瓜狎,徐胡甲反。」《釋文》亦出「甲」字條,注

55　《經典釋文》卷四《尚書音義下·旅獒第七》「巢」條,第46頁。

56　吳承仕:《經籍舊音辨證》,第88頁。

57　吳承仕:《經籍舊音辨證》附錄一《經籍舊音辨證箋識》,第266頁。

58　潘重規疑「林」為「材」之誤(《敦煌詩經卷子研究論文集》,香港新亞研究所1970
　　年版,第108頁),平山久雄改「林」為「牀」(《敦煌毛詩音殘卷反切の研究〔中の
　　一〕》,《東洋文化研究所紀要》第78冊,1979年3月,第16頁),二氏所言蓋有誤。

59　《經典釋文》卷二十九《爾雅音義上中·釋言第二》「漀」條,第413頁。

60　《毛詩正義》卷三之三《衛風·芄蘭》,第138頁。

云：「如字，狎也。《爾雅》同。徐胡甲反，《韓詩》作狎。」[61]顏師古《匡謬正俗》云：「《衛風・芄蘭》篇云『能不我甲』，《毛詩傳》曰：『甲，狎也。』毛公此釋蓋依《爾雅》本訓，而徐仙遂音『甲』為『狎』。」[62]『齊風・甫田』「無田甫田，維莠桀桀」[63]，S.2729B 第一百一十七行出「桀桀」條，注云：「京竭，徐居竭反。」《釋文》亦出「桀桀」條，注云：「居竭反，徐又居謁反。」[64]「徐又居謁反」者，徐邈音居竭反，又音居謁反也。《釋文》所引徐音即徐邈《毛詩音》[65]，據此可知，寫卷所引徐音亦即徐邈音也。

　　據《晉書・儒林傳・徐邈傳》，孝武帝司馬曜右文佐治，招延儒學之士。因徐邈「東州儒素」，太傅謝安舉之應選，補中書舍人，西省侍帝，前後十年，「每被顧問，輒有獻替」，又「撰正《五經音訓》，學者宗之」[66]，儼然江東學術領袖。故其所撰《五經》音訓，《顏氏家訓》、《經典釋文》、《匡謬正俗》、《集韻》等均有徵引，馬國翰《玉函山房輯佚書》輯有徐邈《毛詩音》一卷[67]，寫卷所引徐邈《毛詩音》有可補馬氏輯本所闕者。

　　1.《齊風・雞鳴》「會且歸矣，無庶予子憎」[68]，S.2729B 第一百一十二行出「會且」二字，注云：「七野，徐子余反。」

61　《經典釋文》卷五《毛詩音義上・衛淇奧第五・芄蘭》「我甲」條，第 62 頁。

62　劉曉東：《匡謬正俗平議》，第 13 頁。

63　《毛詩正義》卷五之二《齊風・甫田》，第 197 頁。

64　《經典釋文》卷五《毛詩音義上・齊雞鳴第八・甫田》「桀桀」條，第 66 頁。

65　簡宗梧：《經典釋文引徐邈音辨證》，《中華學苑》第 7 期，1971 年 3 月。

66　《晉書》卷九十一《儒林列傳・徐邈傳》，第 2356-2358 頁。

67　馬國翰：《玉函山房輯佚書》卷十六《經編・詩類》，上海古籍出版社 1990 年版，第 618-627 頁。

68　《毛詩正義》卷五之一《齊風・雞鳴》，第 188 頁。

2.《齊風・南山》「蓺麻如之何？衡從其畝」[69]，S.2729B 第一百一十五行出「衡」字，注云：「下庚，徐音為橫。」

3.《齊風・載驅》小序「《載驅》，齊人刺襄公也」[70]，S.2729B 第一百一十八行出「驅」字，注云：「曲踰，徐起諭反。」[71]

4.《魏風・園有桃》「心之憂矣，聊以行國」[72]，Дх.01366 第五行出「以行」二字，注云：「下庚，徐行▨。」

5.《魏風・十畝之間》「十畝之間兮，桑者閑閑兮」[73]，S.2729B 第一百二十五行出「閑閑」二字，注云：「下艱，徐音賢。」

以上五條寫卷所引徐音，可補馬國翰所輯《毛詩徐氏音》之闕。

（三）或可補歷代書目之闕載

S.2729B 第六十一行有「縰」字條[74]，注云：「晉生綺，又生波二反。」案此《毛詩音》寫卷，引他家《詩音》者凡四：毛亨、鄭玄、徐邈及此處之「晉」。如 S.2729B 第五十四行「害」條注「毛何蓋反，鄭

69　《毛詩正義》卷五之二《齊風・南山》，第 196 頁。

70　《毛詩正義》卷五之二《齊風・載驅》，第 199 頁。

71　「曲踰」，寫卷原作「囲踰」，此據平山久雄之説改（平山久雄《敦煌〈毛詩音〉殘卷反切的研究〔上〕》，《北海道大學文學部紀要》第 14 號第 3 分冊，1966 年 3 月）。

72　《毛詩正義》卷五之三《魏風・園有桃》，第 209 頁。

73　《毛詩正義》卷五之三《魏風・十畝之間》，第 209 頁。陳奐云：「『閑閑』當作『閒閒』，《釋文》作『閒閒』，《穆天子傳》注引作『閒閒』，《文選》宋玉《登徒子好色賦》注引《毛詩》作『閒閒』，後人因與上文『閒』字異義，遂易『閒閒』為『閑閑』也。閒閒猶寬閒。」（《詩毛氏傳疏》卷九《魏葛屨詁訓傳・十畝之間》，第 7B 頁）

74　「縰」字原誤作「縱」，説詳張湧泉主編，許建平撰：《敦煌經部文獻合集》第 9 冊，中華書局 2008 年版，第 4532 頁。

何割反」[75]，第八十五行「甲」字條注「瓜狔，徐胡甲反」，所引即毛
亨、鄭玄、徐邈之音，則此「晉」亦當為作《詩》音者之姓氏。然遍
檢《隋書・經籍志》、《經典釋文・序錄》、《舊唐書・經籍志》、《新唐
書・藝文志》，皆不見有晉姓之人所作之詩音或詩注；後人為隋唐史志
所作之補編，如張鵬一《隋書經籍志補》、徐崇《補南北史藝文志》亦
不見著錄晉姓者之《詩音》；即使收集《詩經》學著作最多之朱彝尊《經
義考・詩經》、劉毓慶《歷代詩經著述考（先秦─元代）》亦未提到有
晉姓之人。頗疑寫卷所引晉氏之切語為未見於歷代書目所載晉氏《毛
詩》音注之內容，然僅此一條，不敢輒定，故特表出，以待識者之教。

結論

1. 英、俄所藏《毛詩音》寫卷乃《毛詩傳箋》的注音本，其所據
毛亨傳、鄭玄箋的《毛詩傳箋》本與《經典釋文・毛詩音義》及傳世
阮刻本《毛詩正義》相較，異文至夥。寫卷所據《毛詩傳箋》本頗有
可證後世傳本肆意篡改者，可藉以知漢時《毛詩傳箋》之原貌。

2. 通過與《經典釋文》相關內容的文本對勘，可以看出，陸德明
撰寫《毛詩音義》時，並沒有看到過這個《毛詩音》。

3. 寫卷多有徵引東晉徐邈《毛詩音》者，可以補充馬國翰所輯《毛
詩徐氏音》之闕漏，為徐邈《毛詩音》的研究提供了新的材料。

---

75 其實毛、鄭時無反切，此毛、鄭之音並非音書，乃寫卷作者據毛鄭義而擬之音，「害」
　　字《毛傳》無釋，孔穎達疏毛義云：「而欲疾至衛，不得為違禮遠義之害，何故不使
　　我歸寧乎？」是毛釋「害」為危害。《鄭箋》云：「害，何也。」乃讀「害」為曷。
　　故謂「毛何蓋反，鄭何割反」也，《釋文》注此「害」字云：「毛如字，鄭音曷，何
　　也。」

4. 寫卷以「林肴」切「巢」一條，可證牀紐字讀入來紐的現象確實存在，證明《經典釋文》所引徐邈讀《尚書·旅獒》「巢伯來朝」之「巢」為「呂交反」並非誤字。這為研究古音牀、來兩紐的關係提供了重要的材料。

（原載《文獻》2011 年第 3 期）

試論法藏敦煌《毛詩音》寫卷的文獻價值

　　法國國家圖書館所藏編號為 P.3383 的《毛詩音》，殘存《毛詩·大雅》之《文王之什·旱麓》至《蕩之什·邵旻》部分二十七篇詩的音義，共九十六行。王重民認為這是東晉徐邈所撰《毛詩音》的殘卷[1]。劉詩孫則認為非徐邈之作，而懷疑為陸德明《經典釋文》之原本[2]。周祖謨作《唐本毛詩音撰人考》[3]，否定王、劉之說，認為是隋魯世達所作《毛詩音義》。潘重規於一九六八年撰《王重民題敦煌卷子徐邈毛詩音新考》一文[4]，糾駁了王、劉之說，而未在文中評論周祖謨魯世達所撰說，但他在最後結論中說：「此殘卷當為徐邈以後，《釋文》以前，

1　王重民：《〈毛詩音〉敍錄》，載《巴黎敦煌殘卷敍錄》卷一，北平圖書館排印本，1936 年；此據黃永武主編《敦煌叢刊初集》第 9 冊，新文豐出版公司 1985 年版，第 115-119 頁；後收入《敦煌古籍敍錄》，第 36-38 頁。

2　劉詩孫：《敦煌唐寫本晉徐邈毛詩音考》，《真知學報》第 1 卷第 1 期，1942 年 3 月。

3　此文寫成於 1942 年 6 月，收入周祖謨《漢語音韻論文集》，上海商務印書館，1957 年。

4　《新亞學報》第 9 卷第 1 期，1969 年 6 月；此據《敦煌詩經卷子研究論文集》，香港新亞研究所 1970 年版。

六朝專家之音。」則亦不以周説為然也。平山久雄亦不贊成周祖謨之
説，認為在目前的情況下應該闕疑[5]。

　　王重民、周祖謨的文章純是對寫卷作者的考察；劉詩孫對寫卷注
音作了音系上的歸納；潘重規主要是對王、劉之説的糾駁，同時考證
了寫卷著作的時代；平山的系列論文則重在對寫卷的反切進行研究[6]。
總的來説，以上諸家對寫卷的研究側重在對作者的推測及反切的考
察。本文則希望通過對寫卷具體內容的分析，揭示它所蘊含的文獻價
值。

一、存《毛詩》、《鄭箋》之本字

　　《毛詩》自東漢鄭玄作《箋》以後，大顯於世，逐漸定於一尊。但
經過長期的輾轉傳抄，加上分化字的大量產生，很多《毛詩》、《鄭箋》
原來的本字逐漸為分化字、通假字等所取代，而其本真則為湮埋。《毛
詩音》寫卷為六朝時期作品[7]，其所用《詩經》之底本為六朝本無疑，

5　　平山久雄：《敦煌〈毛詩音〉殘卷反切的結構特點》，《古漢語研究》1990 年第 3 期。

6　　平山久雄：《敦煌〈毛詩音〉殘卷反切の研究（上）》，《北海道大學文學部紀要》第
　　14 號第 3 分冊，1966 年 3 月；《敦煌〈毛詩音〉殘卷反切の研究（中の 1）》，《東洋
　　文化研究所紀要》第 78 冊，1979 年 3 月；《敦煌〈毛詩音〉殘卷反切の研究（中の
　　2）》，《東洋文化研究所紀要》第 80 冊，1980 年 2 月；《敦煌〈毛詩音〉殘卷反切の
　　研究（中の 3）》，《東洋文化研究所紀要》第 90 冊，1982 年 12 月；《敦煌〈毛詩音〉
　　殘卷反切の研究（中の 4）》，《東洋文化研究所紀要》第 97 冊，1985 年 3 月；《敦煌
　　〈毛詩音〉殘卷反切の研究（中の 5）》，《東洋文化研究所紀要》第 100 冊，1986 年 3
　　月；《敦煌〈毛詩音〉殘卷反切の研究（中の 6）》，《東洋文化研究所紀要》第 105
　　冊，1988 年 2 月。

7　　雖然此寫卷的作者至今尚未考定，但潘重規《王重民題敦煌卷子徐邈毛詩音新考》
　　云：「此殘卷當為徐邈以後，《釋文》以前，六朝專家之音。」（《敦煌詩經卷子研究
　　論文集》，第 59 頁）因而將它定位在六朝時期，應該是沒有問題的。

去古未遠，故存古較多。

1. 《大雅・皇矣》：「上帝耆之，憎其式廓。」[8]

王樹柟《爾雅說詩》云：「廓者，孫炎云『張之大也』。《大雅・皇矣》『憎其式廓』，《毛傳》云『廓，大也』。彼《釋文》云『郭，本又作廓』。郭者，古文省。三家詩當有作『郭』者，故《釋文》出『郭』字，與《毛詩》異也。」[9]

案：《釋文》云：「郭，苦霍反，大也。又如字，本又作廓。」[10]是陸氏所據本作「郭」，其所見亦有作「廓」之異本。唐寫本 P.2669《毛詩傳箋》即作「郭」，正與陸氏所據本同。朱珔云：「『廓』字《广部》所無，蓋即借『郭』字為之。」[11]陳奐云：「廓，當依《釋文》作『郭』。」[12]王闓運《爾雅集解》云：「《詩》『憎其式郭』，或加『广』，非也。」[13]諸家皆以作「廓」為非。今謂王樹柟說不確。《說文》無「廓」，則《毛詩》不能有「廓」字，作「郭」者，《毛詩》之本字也。「廓」者，「郭」之後起分化字也。寫卷第四行出「式郭」條，存《毛詩》之本字。

2. 《大雅・生民》：「恒之秬秠，是穫是畝。」[14]

阮元《毛詩校勘記》曰：「《唐石經》同，小字本、相臺本同。案《釋文》云：『恒，本又作亘。』《正義》云：『定本作恒，集注皆作亘

8　《毛詩正義》卷十六之四《大雅・皇矣》，第 567 頁。

9　朱祖延主編：《爾雅詁林》卷上（一），湖北教育出版社 1996 年版，第 45 頁。

10　《經典釋文》卷七《毛詩音義下・文王之什第二十三・皇矣》「式郭」條，第 92 頁。

11　（清）朱珔：《說文假借義證》卷十，黃山書社 1997 年版，第 294 頁。

12　陳奐：《詩毛氏傳疏》卷二十三《文王之什詁訓傳・皇矣》，第 36B 頁。

13　朱祖延主編：《爾雅詁林》卷上（一），第 38 頁。

14　《毛詩正義》卷十七之一《大雅・生民》，第 594 頁。

字。」考恒、亙是一字。」[15]朱珔云：「《木部》『桓，竟也』，古文為『𠄨』」，竟與徧義合，則『恒』當為『亙』之假借矣。」[16]胡承珙云：「此當以作『𠄨』為正。六朝本蓋皆作『𠄨』。『𠄨』，本古文『桓』字，《說文》：『桓，竟也。』與《毛傳》訓恒為徧義合。《毛詩》一本作『恒』，乃假『恒』為『亙』，與《天保》之假『恒』為『緪』一也。」[17]

　　案：《釋文》云：「恒，古鄧反，徧也。本又作亙。」[18]是陸氏所見有作「亙」之本。顏之推《顏氏家訓·書證》云：「『彌亙』字從二間舟，《詩》云：『亙之秬秠』是也。今之隸書，轉舟為日；而何法盛《中興書》乃以舟在二間為舟航字，謬也。」[19]則顏氏所見《詩》作「𠄨」，而認為「亙」乃「𠄨」隸變。王國維認為「𠄨」乃「亙」之變體，均為「恒」之初文[20]。王氏據甲文為說，當勝於顏，亙、恒古今字也。朱珔、胡承珙認為「亙」為「恒」之借字，不確；然以作「𠄨」者為善，則是。S.6346V《毛詩》殘卷作「亙」，正與《釋文》所載又本同。寫卷第二十四行出「亙之」條，存《毛詩》本字。

　　3.《大雅·泂酌》：「泂酌彼行潦，挹彼注茲，可以濯溉。」[21]

　　《毛傳》云：「溉，清也。」李惇《群經識小》「濯溉」條云：「上章『可以濯罍』，罍，尊名也。溉亦當為尊名。……概者，橫概之義。

15　阮元：《毛詩校勘記》，《清經解》第5冊，第416頁。

16　朱珔：《說文假借義證》卷二十六，第739頁。

17　胡承珙：《毛詩後箋》卷二十四《大雅·生民》，第1330頁。

18　《經典釋文》卷七《毛詩音義下·生民之什第二十四·生民》「恒之」條，第93頁。

19　王利器：《顏氏家訓集解》（增補本）卷六《書證第十七》，第520頁。

20　王國維：《殷卜辭中所見先公先王考》，《觀堂集林》卷九《史林一》，中華書局1959年版，第419頁。

21　《毛詩正義》卷十七之三《大雅·泂酌》，第622頁。

然則社壝用甒，裸事用概，甒、概皆尊名也。」[22]王念孫説與李惇同[23]。
向熹《詩經詞典》從王念孫説，釋云：「溉，通概，漆尊，酒器。」[24]
程俊英、蔣見元《詩經注析》曰：「溉，概的假借字，古漆器酒尊。又
《毛傳》：『溉，清也。』《孔疏》：『謂洗之使清潔。』亦通。」[25]持兩
可之説。胡承珙云：「此章訓『溉』為『清』，是泛言器之溉者。一則
見行潦之物薄而用重，一則見其物微而用廣。如此釋經，意義更為周
密，似不必以『概』與『甒』相配為類。」[26]則仍主「溉」字。

　　案：《説文・水部》云：「溉，溉水，出東海桑瀆覆甑山，東北入
海。一曰：灌注也。」[27]非此義也。《説文・手部》「摡，滌也」段玉裁
注：「《詩》『摡之釜鬵』，《傳》曰：『摡，滌也。』今本作『溉』者，
非。」[28]陳奐云：「溉，當依《釋文》作『摡』。《匪風》傳『摡，滌也』。
此篇『濯概』連文，『濯』為滌，則『摡』為清矣。連言之曰『濯
摡』。」[29]王先謙云：「本詩《釋文》，『溉』無作『摡』之説[30]。《匪風》
『溉之釜鬵』，《釋文》：『溉，本又作摡。』亦毛『或作』本。惟據《説
文》，則『摡』為正字。」[31]黃焯云：「溉乃水名，作摡是。」[32]諸家皆

22　李惇：《群經識小》，《清經解》第 4 冊，上海書店 1988 年版，第 863 頁。

23　王引之：《經義述聞》卷七《毛詩下》「可以濯溉」條，第 164 頁。

24　向熹：《詩經詞典》，四川人民出版社 1997 年第 2 版，第 174 頁。

25　程俊英、蔣見元：《詩經注析》，中華書局 1991 年版，第 831 頁。

26　胡承珙：《毛詩後箋》卷二十四《大雅・泂酌》，第 1367 頁。

27　《説文解字》十一篇上《水部》，第 227 頁。

28　《説文解字注》十二篇上《手部》，第 607 頁。

29　陳奐：《詩毛氏傳疏》卷二十四《生民之什詁訓傳・泂酌》，第 33B 頁。

30　《釋文》卷七《毛詩音義下・生民之什第二十四・泂酌》：「溉，古愛反，清也。」（中
　　華書局 1983 年版，第 95 頁）

31　王先謙：《詩三家義集疏》卷二十二《生民之什第二十二・泂酌》，第 905 頁。

32　黃焯：《經典釋文彙校》，第 81 頁。

以作「摡」為正字。寫卷第四十二行出「摡」字，正與《說文》合，則作「摡」者本字。平山久雄校云：「阮本《釋文》俱作『溉』，『摡』或疑『溉』之誤，暫仍之。」[33]是以不誤為誤也。

4.《大雅・抑》：「辟爾為德，俾臧俾嘉。」[34]

案：《說文・𠂇部》：「卑，賤也，執事者。」[35]《人部》：「俾，益也。」[36]段注：「古或假『卑』為『俾』。」[37]《詩・小雅・菀柳》「俾予靖之」《釋文》：「俾，必爾反，本作卑，使也。後皆同。」[38]盧文弨云：「古俾使之『俾』多作『卑』。」[39]盧說是也。金文無「俾」字，凡俾使之字皆作「卑」[40]。卑、俾應是古今字。敦煌寫本中俾、卑二字已多混用，如《小雅・十月之交》「不慭遺一老，俾守我王」[41]，S.3330「俾」作「卑」。《魯頌・閟宮》「奄有下國，俾民稼穡」[42]，P.3737「俾」作「卑」，而且此詩中之「俾」字皆寫作「卑」。《小雅・節南山》「四方是維，天子是毗，俾民不迷」[43]，S.3330 作「俾」，與傳本同，《韓詩外

33　平山久雄：《敦煌〈毛詩音〉殘卷反切の研究（上）》，《北海道大學文學部紀要》第 14 號第 3 分冊，1966 年 3 月。

34　《毛詩正義》卷十八之一《大雅・抑》，第 648 頁。

35　《說文解字》三篇下《𠂇部》，第 65 頁。

36　《說文解字》八篇上《人部》，第 165 頁。

37　《說文解字注》八篇上《人部》，第 376 頁。

38　《經典釋文》卷六《毛詩音義中・魚藻之什第二十二・菀柳》「俾予」條，第 88 頁。

39　（清）盧文弨：《經典釋文・毛詩音義中考證》，《叢書集成初編》本，中華書局 1985 年版，第 114 頁。

40　張亞初：《殷周金文集成引得》，第 1268-1269 頁。

41　《毛詩正義》卷十二之二《小雅・十月之交》，第 408 頁。

42　《毛詩正義》卷二十之二《魯頌・閟宮》，第 776 頁。

43　《毛詩正義》卷十二之一《小雅・節南山》，第 394 頁。

傳》卷三、《説苑‧政理》、《孔子家語‧始誅》引亦均作「俾」[44]，然《荀子‧宥坐》引則作「卑」[45]，《釋文》出「卑民」條[46]。

此詩「俾臧俾嘉」句，S.6196V 殘存「俾嘉」二字，可知與傳本同，亦作「俾」；而寫卷第六十二行出「卑臧」條，則作「卑」，存本字也。

5. 《大雅‧抑》：「於呼小子，未知臧否。」[47]

阮元《毛詩校勘記》：「《唐石經》、小字本、相臺本『呼』作『乎』，閩本、明監本、毛本同。案：『呼』字誤也。」[48]

案：《釋文》：「於乎，上音烏，下音呼。凡此二字相連音皆放此。」[49]是《釋文》不作「呼」。顏師古《匡謬正俗》卷二「烏呼」條云：「《詩》皆云『於乎』字。中古以來，文籍皆為『嗚呼』字。」[50]《詩‧周頌‧清廟》「於穆清廟」《毛傳》「於，嘆辭也」孔穎達《正義》：「於乎、於戲，皆古之『嗚呼』之字。」[51]乎、呼古今字也。S.6196V《毛詩》「呼」字寫作「乎」，合於師古之説。寫卷第六十三行出「於」、「乎」二條，存《毛詩》本字也。

44　屈守元：《韓詩外傳箋疏》卷三，巴蜀書社 1996 年版，第 291 頁；（漢）劉向撰，向宗魯校證：《説苑校證》卷七《政理》，中華書局 1987 年版，第 149 頁；（魏）王蕭注，張縣固標點：《孔子家語‧始誅第二》，中州古籍出版社 1991 年版，第 6 頁。

45　（清）王先謙撰，沈嘯寰、王星賢點校：《荀子集解》卷二十八《宥坐篇第二十八》，中華書局 1988 年版，第 523 頁。

46　《經典釋文》卷六《毛詩音義中‧節南山之什第十九‧節南山》「卑民」條，第 80 頁。

47　《毛詩正義》卷十八之一《大雅‧抑》，第 649 頁。

48　阮元：《毛詩校勘記》，《清經解》第 5 冊，第 423 頁。

49　《經典釋文》卷七《毛詩音義下‧蕩之什第二十五‧抑》「於乎」條，第 97 頁。

50　劉曉東：《匡謬正俗平議》，第 48 頁。

51　《毛詩正義》卷十九之一《周頌‧清廟》，第 707 頁。

寫卷「乎」字以直音「呼」注之，劉詩孫《敦煌唐寫本晉徐邈毛詩音考（續）》：「《廣韻》『呼』居曉鈕，『乎』居匣鈕，各有區別。詩音既以『呼』音『乎』，是刵『乎』為曉紐，不復歸匣可知。固未可以為曉匣相混也。今仍以《廣韻》曉鈕『謼』切當之，謼、呼本一字，《廣韻》『謼』注亦作『呼』是也。」[52]此不知乎、呼古今之別而誤也。以「呼」注「乎」，乃以今字注古字，非注音也。

6. 《大雅・雲漢》：「我心憚暑，憂心如薰。」[53]

《釋文》：「如薰，本又作燻，許云反，灼也。」[54]阮元《毛詩校勘記》：「《唐石經》、小字本、相臺本『薰』作『熏』，閩本、明監本、毛本同。案十行本注及《正義》中仍作『熏』。《釋文》以『如薰』作音。薰字非也。」[55]

案：《說文・中部》：「熏，火煙上出也。」[56]又《艸部》：「薰，香艸也。」[57]徐灝云：「𤎟，本香艸，爇以取其馨烈，故從中從黑。……引申為凡熏灼之偁。又為昏黑之義，隸變作熏，因又加艸作薰。」[58]洪成玉云：「薰，《說文》釋為香草，其實是用於熏燒以取其香氣的香草。」[59]則熏、薰古今字也。黃位清曰：「熏當是本字。」[60]是也。至於

52　劉詩孫：《敦煌唐寫本晉徐邈毛詩音考（續）》，《真知學報》第 1 卷第 5 期，1942 年 7 月。

53　《毛詩正義》卷十八之二《大雅・雲漢》，第 661 頁。

54　《經典釋文》卷七《毛詩音義下・蕩之什第二十五・雲漢》「如薰」條，第 98 頁。

55　阮元：《毛詩校勘記》，《清經解》第 5 冊，第 425 頁。

56　《說文解字》一篇下《中部》，第 15 頁。

57　《說文解字》一篇下《艸部》，第 16 頁。

58　徐灝：《說文解字注箋》卷一下《中部》，《續修四庫全書》第 225 冊，第 165 頁。

59　洪成玉：《古今字》，第 65 頁。

60　黃位清：《詩異文錄》卷三《大雅・雲漢》，《續修四庫全書》第 75 冊，上海古籍出版社 1995 年版，第 448 頁。

《釋文》所引別本之「燻」,「熏」之增旁俗字也[61]。寫卷第七十三行出「熏」字,乃《毛詩》之本字也。

　　7.《大雅・瞻卬》:「豈曰不極,伊胡為慝。」[62]

　　《釋文》:「慝,他得反。」[63]《鄘風・柏舟》「之死矢靡慝」,阮元《毛詩校勘記》云:「小字本、相臺本同。案盧文弨云:『《唐石經》初刻慝作匿,誤,後改從今本。』考《傳》『慝,邪也』,《釋文》『慝,他得反』,皆可證也。」[64]

　　案:陳玉樹云:「《說文・匚部》有『匿』,《心部》無『慝』。『慝』古止作『匿』。《民勞》、《瞻卬》『慝』字皆當作『匿』,《唐石經》初刻之可貴如此,反以為誤,何耶?」[65]既然《說文》無「慝」,則《毛詩》不能有「慝」字,《毛詩》本字當是作「匿」。寫卷第九十一行出「匿」字,正與《唐石經》初刻同,《毛詩》之本字也。

　　8.《大雅・生民》:「或舂或揄,或簸或蹂」鄭玄《箋》:「將復舂之,趣於鑿也。」[66]

　　《釋文》:「鑿,子洛反,精米也。《字林》作糳。」[67]

　　案:《說文・金部》:「鑿,穿木也。」[68]又《毇部》:「糳,糲米一

61　李富孫:《詩經異文釋》「憂心如薰」條云:「《集韻》云:『薰,俗作燻,非是。』蓋薰已從火,不應更加火旁。」(《清經解續編》第 2 冊,第 1397 頁)

62　《毛詩正義》卷十八之五《大雅・瞻卬》,第 695 頁。

63　《經典釋文》卷七《毛詩音義下・蕩之什第二十五・瞻卬》,第 100 頁。

64　阮元:《毛詩校勘記》,《清經解》第 5 冊,第 366 頁。

65　(清)陳玉樹:《毛詩異文箋》卷三「之死矢靡匿　無俾作慝　伊胡為慝」條,《續修四庫全書》第 74 冊,上海古籍出版社 1995 年版,第 196 頁。

66　《毛詩正義》卷十七之一《大雅・生民》,第 594 頁。

67　《經典釋文》卷七《毛詩音義下・生民之什第二十四・生民》「於鑿」條,第 93 頁。

68　《說文解字》十四篇上《金部》,第 295 頁。

斛春為九斗曰繫。」⁶⁹段玉裁注：「經傳多叚『鑿』為『繫』。」⁷⁰是作「繫」者為正字。寫卷第二十五行出「於繫」條，作「繫」與《說文》合，此當是鄭《箋》原字也。

二、知《毛詩》異本之有據

　　《毛詩》在流傳過程中，由於師傳不同，或傳抄訛誤，不可避免地產生了大量異文。當然異文中最多的是異體字、通假字，這在寫卷中亦多有反映，如《桑柔》「具禍以燼」，寫卷「燼」作「藎」，通假字也；如《思齊》篇，寫卷「齊」作「齋」，齊、齋古今字也。這一類情形較常見，亦容易董理，故在此不具論。而有些異文由於較為罕見，或不易解釋，易於為人們所忽略。寫卷中的材料正可作為佐證，使人們知道後代刊本中的異文並非肆意妄改所致，而是有其淵源所自的。

　　1.《生民》：「誕寘之隘巷，牛羊腓字之」⁷¹。

　　案：《太平御覽》引《詩》：「誕寘之隘巷，羊牛腓字之。」小注：「毛萇曰：『寘，置也；腓，辟也；字，愛也。』鄭玄曰：『姜嫄置后稷羊牛之徑，亦以為異也。』」⁷²物觀《七經孟子考文補遺》：「古本『牛羊』作『羊牛』，注及下同。」⁷³皆作「羊牛」，與《十三經注疏》本不同。阮元《毛詩校勘記》無校記，可知其所見本無作「羊牛」者。寫卷第

69　《說文解字》七篇上《斝部》，第148頁。

70　《說文解字注》七篇上《斝部》，第334頁。

71　《毛詩正義》卷十七之一《大雅・生民》，第591頁。

72　（宋）李昉等：《太平御覽》卷五十七《地部二十二・林》，中華書局1960年版，第275頁。

73　〔日〕物觀：《七經孟子考文補遺》，《叢書集成新編》第5冊，新文豐出版公司1984年版，第115頁。

二十行出「牛腓」條，則其所據之底本此句應是作「羊牛腓字之」，與《御覽》、《七經孟子考文補遺》所據本同，可證《御覽》等作「羊牛」，實有所本。平山久雄校云：「按《生民》三章『牛羊腓字之』，疑此當為『羊』。」[74]以為寫卷「牛腓」之「牛」為「羊」之誤，蓋不知《毛詩》實有作「羊牛腓字之」之傳本也。

2. 《生民》：「誕寘之寒冰，鳥覆翼之。」[75]

案：孔穎達《毛詩正義》曰：「復棄后稷朝旦於寒冰之上，有鳥以翼覆、以翼藉之。」此釋經「誕寘之寒冰，鳥覆翼之」句，然句中「朝旦」二字不知所出，亦未見釋《詩》諸家有措意於此者。寫卷第二十行出「誕朝」條，注云：「張遙反，或誤為寘。」是其所據之底本作「誕朝之寒冰」也，《正義》之「朝旦」正可釋此「朝」字，《正義》所據本當亦作「誕朝之寒冰」也，此亦《毛詩》一異本也。

三、補正載籍之脫誤

《毛詩音》寫卷為六朝音注本，那麼其注中所引之典籍亦必是六朝本，故可藉以糾正傳本之誤者。

1. 《爾雅・釋詁上》：「廓，大也。」[76]

邢昺《爾雅疏》、鄭樵《爾雅注》、邵晉涵《爾雅正義》、郝懿行《爾雅義疏》皆引《方言》「張小使大謂之廓」以釋之。馬宗薌《爾雅本字考》云：「《詩・大雅》『憎其式廓』，《傳》云『廓，大也。憎其

74　〔日〕平山久雄：《敦煌〈毛詩音〉殘卷反切の研究（上）》，《北海道大學文學部紀要》第 14 號第 3 分冊，1966 年 3 月。

75　《毛詩正義》卷十七之一《大雅・生民》，第 591 頁。

76　《爾雅注疏》卷一《釋詁第一上》，第 7 頁。

用大位行大政』。《釋文》『廓，本又作郭』，是《詩》本作『郭』也。毛意亦然矣。毛公詁《詩》多用《雅》訓，知《雅》袛訓『郭』為『大』爾。」[77]寫卷第四行出「式郭」條，注曰：「《爾雅》云：『郭，大。』」正可為馬説之佐證。《説文》有「郭」無「廓」，「廓」為「郭」之後起字，《爾雅》時尚無「郭」字，今本作「廓」者，後人所改也。

　　2.《説文·艸部》：「蕘，薪也。」[78]

　　段玉裁《説文解字注》據《經典釋文·毛詩音義》改作「蕘，艸薪也」[79]。桂馥云：

　　《詩·板》「詢於芻蕘」《傳》云：「芻蕘，薪采者。」《釋文》引本書：「蕘，草薪也。」《長楊賦》「蹂踐芻蕘」李善引本書：「蕘，艸薪也。」馥案：二書所引，竝有「艸」字。《漢書·賈山傳》「芻蕘，採薪之人」、《揚雄傳》「麋鹿芻蕘」，顏注竝云：「蕘，草薪。」馥謂草薪別於木薪也。[80]

　　王筠《説文解字句讀》因而據《經典釋文·毛詩音義》及《文選·長楊賦》李善注引改作「蕘，艸薪也」[81]。寫卷第四十九行出「蕘」條，注云：「儒招。《説文》：『草新。』」《廣韻·晧韻》：「草，《説文》作『艸』，百卉也。經典相承作『草』。」[82]《説文解字句讀》：「薪者，新

77　馬宗霍：《爾雅本字考》，朱祖延主編：《爾雅詁林》卷上（一），湖北教育出版社1996年版，第53頁。

78　《説文解字》一篇下《艸部》，第25頁。

79　《説文解字注》一篇下《艸部》，第44頁。

80　（清）桂馥：《説文解字義證》卷四《艸部》，齊魯書社1987年版，第100頁。

81　王筠：《説文解字句讀》卷二《艸部》「薪」條，第34頁。

82　《宋本廣韻》卷三《上聲·三十二晧》，第282頁。

之糸增字。」[83]則「草新」即「艸薪」也。寫卷此條可為段、桂、王之說添一證。

四、補輯故書之佚文

寫卷殘存六百九十三條注文，其中三十二條有引用典籍或通人說，所引用者雖僅《孟子》、《爾雅》、《倉頡篇》、《説文》、《禮記注》、《廣雅》、《聲類》七種典籍及賈逵、孫炎、舍人、薛綜、郭璞諸家之說，然可藉以補以往輯佚書之闕者則不鮮。

1.媲　普計反。孫炎云：「凡相偶為媲。」（第 7 行）

案：孫炎之語乃釋《爾雅・釋詁上》「妃，媲也」句。馬國翰《玉函山房輯佚書》及王仁俊《玉函山房輯佚書續編》所輯孫炎《爾雅注》均無此條[84]。

2.敏拇　母。賈逵云：「大指。」（第 19 行）

案：「敏拇」乃《生民》「履帝武敏歆」鄭《箋》「敏，拇也」句中文。《隋書・經籍志》云：「鄭眾、賈逵、馬融，並作《毛詩傳》。」[85]賈逵早於鄭玄，而「拇」乃鄭《箋》中文，則賈逵「大指」之說必非《毛詩傳》中語。《後漢書・賈逵傳》云：「尤明《左氏傳》、《國語》，為之《解詁》五十一篇。」李賢注云：「《左氏》三十篇，《國語》二十一篇也。」[86]《隋書・經籍志》云：「《春秋外傳國語》二十捲，賈逵

83　王筠：《説文解字句讀》卷二十七《斤部》「新」條，第 573 頁。

84　（清）馬國翰：《玉函山房輯佚書》，上海古籍出版社 1990 年版；（清）王仁俊：《玉函山房輯佚書續編三種》，上海古籍出版社 1989 年版。

85　《隋書》卷三十二《經籍志一》，第 918 頁。

86　（南朝宋）范曄撰，（唐）李賢等注：《後漢書》卷三十六《賈逵傳》，中華書局點校本 1965 年版，第 1235 頁。

注。」[87]《國語‧楚語上》:「至於手拇毛脈,大能掉小,故變而不勤。」韋昭注:「拇,大指也。」[88]賈逵「大指」當是釋《國語》「手拇」之「拇」也,其語當出自《國語解詁》,我們亦因而知韋昭之注文乃承襲賈逵之説。

黃奭《漢學堂叢書‧子史鈎沈》所輯《賈逵國語注》[89]、蔣曰豫《蔣侑石遺書‧滂喜齋學錄》所輯《國語賈景伯注》[90]、馬國翰《玉函山房輯佚書》所輯《國語解詁》[91]、王仁俊《玉函山房輯佚書續編》所輯《國語賈氏注一卷》[92]均無此條。

3. 一秭　妃於。《倉頡篇》云:「甲也。」(第 24 行)

糲,郎達反。《倉頡篇》云:「脱粟米也。」(第 96 行)

案:歷來輯《倉頡篇》的最善輯本為王國維《重輯蒼頡篇》[93],但王氏輯本中亦無此二條[94]。

4. 一秭　妃於。《聲類》云:「米之皮。」(第 24 行)

案:任大椿《小學鈎沈》[95]、顧震福《小學鈎沈續編》[96]、馬國翰

87　《隋書》卷三十二《經籍志一》,第 932 頁。

88　(春秋)左丘明撰,(三國吳)韋昭注,上海師範大學古籍整理組校點:《國語》卷十七《楚語上》「范無宇論國為大城未有利者」章,上海古籍出版社 1978 年版,第 549 頁。

89　(清)黃奭:《漢學堂叢書》,清光緒十九年刻本。

90　(清)蔣曰豫:《蔣侑石遺書》,清光緒三年蓮池書局刊本。

91　(清)馬國翰:《玉函山房輯佚書》,上海古籍出版社 1990 年版。

92　(清)王仁俊:《玉函山房輯佚書續編三種》,上海古籍出版社 1989 年版。

93　説見孫啟治、陳建華《古佚書輯本目錄》,中華書局 1997 年版,第 96-97 頁。

94　王國維:《重輯蒼頡篇》,《王國維遺書》第 7 冊,上海古籍書店 1983 年版。

95　(清)任大椿:《小學鈎沈》,《續修四庫全書》第 201 冊,上海古籍出版社 1995 年版。

96　(清)顧震福:《小學鈎沈續編》,《續修四庫全書》第 201 冊,上海古籍出版社 1995 年版。

《玉函山房輯佚書》所輯《聲類》均無此條。

　　5. 蓋僅　奇豐反。《廣雅》云：「劣也。」（第31行）

　　案：傳本《廣雅》無此條。王念孫在《廣雅疏證》卷五所補《釋詁》、《釋言》諸條佚文中無此條，王仁俊《經籍佚文》中所輯《廣雅佚文一卷》及李增杰《廣雅逸文補輯並注》亦無此條。

　　6. 旱魃　蒲末反。薛綜云：「魃鬼，人形，眼在頭上。」（第73行）

　　平山久雄校云：「此引《毛詩答雜問》（吳韋昭、朱育等撰）也。《藝文類聚》卷一百引云『魃鬼人形眼在鼎上』，《太平御覽》卷三百六十四引云『旱鬼眼在頂上』，疑此殘卷所引『頭』當訂『頂』，暫仍之。《類聚》、《御覽》所引俱不言『薛綜云』，然《生民》『先生如達』下《正義》引云『薛綜答韋昭曰……』，此殘卷所引亦應有所耳。」[97]

　　案：《藝文類聚》引韋曜《毛詩問》曰：「《雲漢》之詩『旱魃為虐』，《傳》曰『魃，天旱鬼也』，《箋》云『旱氣生魃』，天有常神，人死為鬼，不審旱氣生魃奈何？答曰：『魃鬼人形，眼在頂上，天生此物，則將旱也。天欲為災，何所不生？而云有常神者耶。』」[98]又引《神異經》曰：「南方有人，長二三尺，袒身而目在頂上，走行如風，名曰魃。所見之國大旱，赤地千里。」[99]《詩·大雅·雲漢》「旱魃為虐」孔穎達《正義》引《神異經》曰：「南方有人，長二三尺，袒身而目在頂上，走行如風，名曰魃。所見之國大旱，赤地千里。」[100]

97　平山久雄：《敦煌〈毛詩音〉殘卷反切の研究（上）》，《北海道大學文學部紀要》第14號第3分冊，1966年3月。

98　（唐）歐陽詢撰，汪紹楹校：《藝文類聚》卷一百《災異部·旱》，上海古籍出版社1982年版，第1721頁。

99　歐陽詢：《藝文類聚》卷一百《災異部·旱》，第1723頁。

100　《毛詩正義》卷十八之二《大雅·雲漢》，第662頁。

《太平御覽》引韋曜《毛詩問》曰：「早鬼，眼在頂上。」[101]皆未言此為薛綜語。

馬國翰《玉函山房輯佚書》所輯《毛詩答雜問一卷》亦未言此為薛綜之語，寫卷此條可補其不足。

（原載《禮學與中國傳統文化──慶祝沈文倬先生九十華誕國際學術研討會論文集》，中華書局 2006 年版）

---

101 《太平御覽》卷三百六十四《人事部五・頂》，第 1677 頁。「早」應為旱」之誤。

法藏敦煌《毛詩音》「又音」考

　　收藏在法國國立圖書館的敦煌寫卷《毛詩音》，編號為 P.3383，殘存《大雅・文王之什・旱麓》至《蕩之什・召旻》凡二十七首詩的音義，共九十六行，存注音條目六百九十三條。寫卷中絕大多數的注音條目是一字一音，但其中亦有一字二音甚至三音者，計有二十一條。對於寫卷中的這些又音，劉詩孫及平山久雄在研究中均作為注音材料與首音一併考察[1]。潘重規先生在《王重民題敦煌卷子徐邈毛詩音新考》一文中云：「此卷『又音』至罕，遠不及《釋文》『又音』之繁多也，計此卷七百七十餘音，有『又音』者僅十八事，

　　而此卷篇什之音，在《釋文》有『又音』者凡三十六事。且此卷每字不過二音，而《釋文》則羅列甚繁，與此卷音義皆簡者，大相徑庭。蓋此卷乃一家之音，故其辭簡；《釋文》集眾家之音義，故其辭繁

1　劉詩孫：《敦煌唐寫本晉徐邈毛詩音考》，載《真知學報》第 1 卷第 1 期、第 1 卷第 5 期、第 2 卷第 1 期，1942 年 3、7、9 月；〔日〕平山久雄：《敦煌〈毛詩音〉殘卷反切の研究（上）》，《北海道大學文學部紀要》第 14 號第 3 分冊，1966 年 3 月。

也。」[2]其意蓋亦以為寫卷之又音乃作者自為，非似陸德明作《經典釋文》，其又音乃是採之眾家音義也。

　　寫卷又音的性質到底如何，是否是《毛詩音》作者所為，要弄清楚這個問題，就必須對寫卷的又音作全盤的分析考辨。

　　通過對寫卷二十一條又音的分析，可以將它們歸納為五類：

一、又音與首音聲韻相同

　　1. 第二十八行「敦彼」條注「上徒官反、徒桓反二音」。

　　「官」、「桓」《廣韻》皆在平聲桓韻，是「徒官反」與「徒桓反」聲韻相同。

　　2. 第三十二行「大斗」條注「之專庚，音主，又鍾庚反」。

　　案：此《行葦》「酌以大斗」句中文[3]，《釋文》出「大斗」二字，注云：「字又作枓，都口反。徐又音主。」[4]《説文・木部》「枓，勺也」段玉裁注：「凡升斗字作『斗』，枓勺字作『枓』，本不相謀，而古音同當口切，故『枓』多以『斗』為之。」[5]陳奐《詩毛氏傳疏》云：「斗者，枓之假借。《説文》『勺，挹取也』、『枓，勺也』、『杓，枓柄也』，是枓謂之勺，枓柄謂之杓。」[6]馬瑞辰《毛詩傳箋通釋》云：「此詩『大斗』及《小雅》『維北有斗』皆『枓』之省借。」[7]是此「斗」字為「枓」之

2　潘重規：《敦煌詩經卷子研究論文集》，香港新亞研究所 1970 年版，第 48-49 頁。

3　《毛詩正義》卷十七之二《大雅・行葦》，第 603 頁。

4　《經典釋文》卷七《毛詩音義下・生民之什第二十四・行葦》「大斗」條，第 94 頁。

5　《説文解字注》六篇上《木部》，第 261 頁。

6　《詩毛氏傳疏》卷二十四《生民之什詁訓傳・行葦》，第 16A 頁。

7　馬瑞辰：《毛詩傳箋通釋》卷二十五《大雅・行葦》，第 891 頁。

假借。《廣韻‧虞韻》小韻「之庾切」下有枓、主二字，可知寫卷二「庚」字皆當為「庾」之誤。平山改「庚」為「庾」[8]，是也。徐邈音「主」者（《釋文》所引），即讀「斗」為「枓」也。「鍾庾反」與「主」音同，唯「之專庚」三字不可解。平山懷疑《詩音》原作「之庾」，後抄者為使開合口相合而改為「專庾」[9]。確實，寫卷《毛詩音》於虞韻系諸字之反切上字皆作合口，唯此「之」字為開口。然若如平山所說《毛詩音》原作「之」，後改作「專」，則表示《毛詩音》於開合口區分不嚴，其甚嚴者乃抄手也。若謂此改字亦作者所為，那麼前提是必須證明此寫卷為作者手稿，但此非作者原稿，則不待證明而可知也。故平山的懷疑是不可靠的。在沒有確切證據證明前，我以為將「之」字視為衍文可也。專庚、主、鍾庚三音實同。

劉詩孫云：「專庚、鍾庚。案此二切，疑係特音，不僅《廣韻》無徵，《釋文》亦闕載也。」[10]此乃不加考察之故也。

二、又音與首音聲紐不同

3. 第九十六行「苴」條注「林沙反，在加反」。

案：此《召旻》「如彼棲苴」句中文。《毛傳》云：「苴，水中浮草也。」《鄭箋》云：「王無恩惠於天下，天下之人如旱歲之草，皆枯槁無潤澤，如樹上之棲苴。」[11]《廣韻‧麻韻》小韻「鉏加切」下有「苴」

8　〔日〕平山久雄：《敦煌〈毛詩音〉殘卷反切の研究（上）》，《北海道大學文學部紀要》第 14 號第 3 分冊，1966 年 3 月。

9　〔日〕平山久雄：《敦煌〈毛詩音〉殘卷反切の研究（上）》，《北海道大學文學部紀要》第 14 號第 3 分冊，1966 年 3 月。

10　劉詩孫：《敦煌唐寫本晉徐邈毛詩音考（續）》，《真知學報》1942 年第 1 卷第 5 期。

11　《毛詩正義》卷十八之五《大雅‧召旻》，第 698 頁。

字，注曰：「《詩傳》云：『水中浮草也。』」[12]即謂此「苴」字也。「鉏」為牀紐二等字，而「林」則為來紐字。平山改「林」為「牀」[13]，是也。「牀沙反」與《廣韻》之「鉏加切」合。

　　寫卷之又音「在加反」，「在」為從紐字，與牀二等「苴」聲紐不同。根據黃侃的研究，上古音照系二等與精系為一類。照系二等與精系的互切情況，在《切韻》裡只有極少幾個[14]，《釋文》裡沒有發現[15]。而在西晉時期的呂忱所著《字林》中，照二系有與精系互切的例子[16]；東晉徐邈的音注中，照二系與精系正處在分化過程中[17]。寫卷以從紐字「在」切牀二等字「苴」，應是這種照二系與精系互切情況的反映。

三、又音及首音合於《廣韻》之異讀

　　4. 第四行「蒩」條注「側狙，又側吏」。

　　案：此注《皇矣》「其蒩其翳」之「蒩」也[18]。《廣韻》「蒩」音側

12　《宋本廣韻》卷二《下平聲・九麻》，第 149 頁。

13　〔日〕平山久雄：《敦煌〈毛詩音〉殘卷反切の研究（上）》，《北海道大學文學部紀要》第 14 號第 3 分冊，1966 年 3 月。

14　陸志韋：《古反切是怎樣構造的》，《中國語文》1963 年第 5 期。

15　王力《經典釋文反切考》出了三條精系與照二系互切例：鉏，《釋文》仕魚、士居，徐在魚、在居；肅，《釋文》如字，又所六；淑，《釋文》仕角，徐在角（《王力文集》第 18 卷，山東教育出版社 1991 年版，第 116 頁）。其實，此三條中，兩條為徐邈音，一條為又切，亦陸氏引別家之音，皆非陸音。德明反切，並無精系與照二系互切例。

16　簡啟賢：《〈字林〉音注研究》，巴蜀書社 2003 年版，第 74 頁。

17　蔣希文：《徐邈音切研究》，貴州教育出版社 1999 年版，第 16 頁。

18　《毛詩正義》卷十六之四《大雅・皇矣》，第 568 頁。

持切，注云：「《説文》曰：不耕田也。」[19]與寫卷首音「側狸」合。然《廣韻》「菑」無「側吏」之音。《毛傳》：「木立死曰菑。」《釋文》云：「菑，本又作甾，側吏反，又音緇，木立死也。《韓詩》云：反草也。」[20]是《釋文》之首音與寫卷之又音同，《釋文》之又音與寫卷之首音同。《爾雅・釋木》：「木自獘，柛。立死，椔。」郭注：「《詩》云：『其椔其翳。』」[21]阮元《爾雅校勘記》曰：

《釋文》云：「甾，《字林》作椔。」是《爾雅》不作椔也。《詩・皇矣》「其菑其翳」，《毛傳》「木立死曰菑」，《正義》引《釋木》云：「立死，菑。」李巡曰：「以當死害生曰菑。」《釋文》：「菑，本又作甾。」然則《毛詩》亦作「甾」，不作「椔」也。今本從木，蓋因《字林》增加。[22]

《説文》有「菑」無「椔」，「椔」為後起字，《爾雅》不應有「椔」字，毛公作《傳》時亦不應有「椔」字。《周禮・冬官・輪人職》「察其菑蚤不齺」鄭注引鄭司農云：「菑讀如雜厠之厠，謂建輻也。泰山平原所樹立物為菑，聲如載，博立梟棊亦為菑。」[23]《釋文》：「菑，側吏反。」[24]與鄭玄音同。是「菑」應有「側吏反」之音。《釋文》以「側吏反」為首音，是也。寫卷以「側狸」及「側吏」為「菑」之二音，

19　《宋本廣韻》卷一《上平聲・七之》，第42頁。

20　《經典釋文》卷七《毛詩音義下・文王之什第二十三・皇矣》「菑」條，第92頁。

21　《爾雅注疏》卷九《釋木第十四》，第160頁。

22　（清）阮元：《爾雅校勘記》，《清經解》第6冊，上海書店1988年版，第151頁。

23　（漢）鄭玄注，（唐）賈公彥疏：《周禮注疏》卷三十九《冬官考工記第六・輪人》，《十三經注疏》本，藝文印書館2001年版，第599頁。

24　《經典釋文》卷九《周禮音義下・冬官考工記第六・輪人》「其菑」條，第136頁。

蓋讀「蓞」為「楢」，《廣韻》「楢」義「木立死」，有側持切、側吏切二音，正與寫卷之音合。

5. 第四十一行「隩」條注「衣六反，又烏報」。

案：此《公劉》「芮鞫之即」鄭箋「水之內曰隩」句中文[25]。《廣韻·號韻》小韻「烏到切」下有「隩」字，注云：「《說文》曰：『水隈崖也。』[26]《屋韻》小韻「於六切」下有「澳」字，注云：「隈也。水內曰澳。隩，上同。又音奧。」[27]則《廣韻》乃是以「隩」為「澳」之異體，因而此「隈」義之「澳」有去入兩讀。

S.2071《切韻》及 P.2011《刊謬補缺切韻》於入聲《屋韻》小韻「於六反」下所收的「澳」下注云：「隈。」故宮本《王韻》同。P.2011《刊謬補缺切韻》及 S.6176《箋注本切韻》[28]在《號韻》「隩」下注云：「屋隅。」故宮本《王韻》亦同。是《切韻》原於「澳」、「隩」二字區別甚嚴，讀入聲者為「隈」之「澳」，讀去聲者為「屋隅」之「隩」[29]，今《廣韻》以二字為異文，已對《切韻》作了大幅度的修改。

《詩·衛風·淇奧》「瞻彼淇奧」《釋文》：「奧，音於六反，一音烏報反。」[30]《詩·大雅·公劉》「芮鞫之即」鄭箋「水之內曰隩，水之外曰鞫」《釋文》：「澳，於六反，又於報反。字或作隩。」[31]《禮記·

25　《毛詩正義》卷十七之三《大雅·公劉》，第 621 頁。

26　《宋本廣韻》卷四《去聲·三十七號》，第 398 頁。

27　《宋本廣韻》卷五《入聲·一屋》，第 438 頁。

28　此定名據周祖謨的說法，考詳氏著《唐五代韻書集存》，中華書局 1983 年版，第 842-845 頁。

29　「隩」即「奧」之後起字，《說文·宀部》：「奧，宛也，室之西南隅。」（《說文解字》七篇下《宀部》，第 150 頁）

30　《經典釋文》卷五《毛詩音義上·衛淇奧第五·淇奧》「淇奧」條，第 61 頁。

31　《經典釋文》卷七《毛詩音義下·生民之什第二十四·公劉》「曰澳」條，第 95 頁。

大學》引《詩》「瞻彼淇澳」《釋文》：「澳，本亦作奧，於六反。本又作隩。一音烏報反。」[32]《左傳・昭公二年》「北宮文子賦《淇澳》」《釋文》：「澳，於六反。」[33]是《釋文》凡釋為「隈」之「澳」（或作隩、奧）皆音「於六反」，讀為入聲，而以去聲為又音。《禮記・仲尼燕居》「目巧之室，則有奧阼」《釋文》：「奧，字又作隩，烏報反。」[34]《爾雅・釋宮》「西南隅謂之奧」《釋文》：「奧，本或作隩，同，於耗反。」[35]可知《釋文》讀「屋隅」之「隩」為去聲。是《釋文》讀音與《切韻》相同。

　　因《說文》釋「隩」為「水隈厓也」，與讀作「屋隅」之「隩」同形，故有讀「隈」義之「隩」為去聲者，《釋文》所引之又音是也。尋其本音，當讀入聲「於六反」。徐鉉在《說文》「隩」字下注音「烏到切」，段玉裁注云：「當於六切。」是也。《廣韻》以「隈」義之「隩」分屬兩讀，與《切韻》、《釋文》均不同，蓋據六朝音義而改《切韻》也，然而卻將「隩」之兩義兩讀混淆為一義兩讀。

　　寫卷首音「衣六反」，正同《釋文》之音，其又音「烏報」，蓋亦據別本《詩音》也。

　　6. 第四十三行「酋」條注「即由，又在由」。

　　此《卷阿》「似先公酋矣」句中文[36]。《說文・酋部》「酋，繹酒也」段注：「酋之義引申之，凡久皆曰酋。久則有終，《大雅》『似先公酋

32　《經典釋文》卷十四《禮記音義之四・大學第四十二》「澳」條，第216頁。

33　《經典釋文》卷十四《春秋左氏音義之四・昭公二年》「澳」條，第273頁。

34　《經典釋文》卷十三《禮記音義之三・仲尼燕居第二十八》「奧」條，第206頁。

35　《經典釋文》卷二十九《爾雅音義上中・釋宮第五》「奧」條，第415頁。

36　《毛詩正義》卷十七之四《大雅・卷阿》，第626頁。

矣」，《傳》曰：『酋，終也。』」[37]《辵部》「遒，迫也。遒或從酋」段注：「《大雅》『似先公酋矣』，《正義》酋作遒。按酋者遒之假借字。《釋詁》、《毛傳》皆曰『酋，終也』，終與迫義相成，遒與摯義略同也。」[38]既云酋之「終」義為引申義，又謂為「遒」之借，是段說「酋」注與「遒」注矛盾。《爾雅・釋詁下》「酋，終也」《釋文》：「酋，在由反，又子由反，郭音遒。」[39]是郭璞破讀為「遒」。孔穎達《毛詩正義》云：「『遒，終』，《釋詁》文。彼遒作酋，音義同也。」則《正義》本經文作「遒」。《廣韻》「酋」音自秋切，與寫卷之又音「在由」合，而無「即由」之音。《廣韻》「遒」有二音，一音自秋切，一音即由切，其注並云：「盡也。」正與此二音合。則「即由」應是「遒」之音也。《釋文》出「酋」，云：「在由反，又子由反，又在幽反，終也。」[40]以「在由反」為本音，乃依字讀也；以「子由反」為又音，乃據別本《詩音》也。寫卷以「即由」為本音，可知其以「酋」為「遒」之借也。至於「在由」之音蓋亦取自別本《詩音》。

7. 第四十五行「莑莑」條注「逋孔反，又蒲孔反」。

案：此《卷阿》「莑莑萋萋」句中文[41]。《毛傳》云：「梧桐盛也。」此毛氏隨文釋義也。陳奐云：「莑與萋皆本為艸盛，因之為木盛。」[42]考《說文・艸部》云：「莑，艸盛。」[43]陳奐據《說文》而云然也。《廣韻・董韻》小韻「邊孔切」下有「莑」字，注云：「草盛。」小韻「蒲

37　《說文解字注》十四篇下《酋部》，第752頁。

38　《說文解字注》二篇下《辵部》，第742頁。

39　《經典釋文》卷二十九《爾雅音義上中・釋詁第一》「酋」條，第410頁。

40　《經典釋文》卷七《毛詩音義下・生民之什第二十四・卷阿》「酋」條，第95頁。

41　《毛詩正義》卷十七之四《大雅・卷阿》，第629頁。

42　《詩毛氏傳疏》卷二十四《生民之什詁訓傳・卷阿》，第37B頁。

43　《說文解字》一篇下《艸部》，第22頁。

蠓切」下亦有「莑」字，注云：「草盛皃，又方孔切。」[44]寫卷之「逋孔反」與《廣韻》之「方孔切」合，「蒲孔反」與《廣韻》之「蒲蠓切」合。《釋文》出「奉奉」，注云：「布孔反，又薄孔反，又薄公反。」[45]其前二音與寫卷之二音合。

8. 第五十行「熇熇」條注「香約反，又荒哭」。

案：此《板》「多將熇熇」句中文[46]。《毛傳》云：「熇熇然，熾盛也。」《廣韻・屋韻》小韻「呼木切」下有「熇」字，注云：「熱皃。」[47]《沃韻》小韻「火酷切」下亦有「熇」字，注云：「熱也。」[48]《鐸韻》小韻「呵各切」下又有「熇」字，注云：「熱皃。又火沃切。」[49]「火沃切」即「火酷切」，是《廣韻》三音同義也。寫卷「香約反」合於《廣韻》之「呵各切」，「荒哭」之音與《廣韻》之「呼木切」合。

9. 第五十七行「人忕」條注「成勢反，又音太」。

《廣韻・祭韻》小韻「時制切」下有「忕」字，注云：「忕，習。」[50]《泰韻》小韻「他蓋切」下亦有「忕」字，注云：「奢也。又逝、大二音。」[51]《説文・心部》：「忕，習也。」[52]「忕」者俗字也，「忲」則訛

44　《宋本廣韻》卷三《上聲・一董》，第217頁。

45　《經典釋文》卷七《毛詩音義下・生民之什第二十四・卷阿》「奉奉」條，第95頁。

46　《毛詩正義》卷十七之四《大雅・板》，第634頁。

47　《宋本廣韻》卷五《入聲・一屋》，第431頁。

48　《宋本廣韻》卷五《入聲・二沃》，第440頁。

49　《宋本廣韻》卷五《入聲・十九鐸》，第487頁。

50　《宋本廣韻》卷四《去聲・十三祭》，第357頁。

51　《宋本廣韻》卷四《去聲・十四泰》，第359頁。

52　「忕」字原作「惻」，此據段注本改（《説文解字》十篇下《心部》，第219頁）。

字[53]。

《説文・水部》：「汰，淅𥹤也。」段注：「凡沙汰、淘汰用淅米之義。引申之，或寫作汏，多點者誤也。若《左傳》汰侈、汰輈字皆即『泰』字之假借。寫作『汏』者亦誤。」[54]《水部》：「泰，滑也。」段注：「滑則寬裕自如，故引申為縱泰。又引申為泰侈，汰即泰之隸省，隸變而與淅米之汰同形，作汏者誤字。」[55]「忕」字《説文》義為「習」，其奢侈義首見於《玉篇》，音為「他蓋切」。《廣韻》當是據《玉篇》也。奢侈義之「忕」，其本字應是「汰」，寫作「忕」者，視之為通假字可也。寫卷所音者，《蕩》「內奰於中國，覃及鬼方」鄭箋「此言時人忕於惡」之「忕」字也。《釋文》曰：「忕，市制反，又時設反，《説文》云：『習也。』」[56]寫卷「成勢反」，同於《釋文》市制反、《廣韻》時制切。「又音太」者，讀同《玉篇》、《廣韻》之「他蓋切」也，乃是為奢侈義之「忕」作音，置於此實非。《釋文》不收此音，是也。《釋文》「忕」字凡出兩次，另一次見《禮記・表記》「狎侮，死焉而不畏也」鄭注「忕於無敬心也」，《釋文》云：「忕，時世反，又時設反。」[57]亦無「他蓋切」之音。

10. 第五十九行「洒」條注「生買，一去音」。

按：此《抑》「洒埽庭內」句中文[58]，《毛傳》云：「洒，灑。」洒、

53　（清）方成珪：《集韻考正》云：「汏訛伏，後以制切同，據宋本正。」（《萬有文庫》本，商務印書館 1926 年版，第 178 冊，第 657 頁）

54　《説文解字注》十一篇上《水部》，第 561 頁。

55　《説文解字注》十一篇上《水部》，第 565 頁。

56　《經典釋文》卷七《毛詩音義下・蕩之什第二十五・蕩》「忕於」條，第 96 頁。「忕」為「忕」之訛字。

57　《經典釋文》卷十四《禮記音義之四・表記第三十二》「忕於」條，第 210 頁。

58　《毛詩正義》卷十八之一《大雅・抑》，第 645 頁。

灑異字，《説文・水部》：「洒，滌也。」「灑，汛也。」[59]「洒」即洗滌，「灑」即灑埽。《毛傳》以「灑」釋「洒」，段玉裁認為是釋假借之例[60]。《廣韻》「洒」有二音，一為先禮切，在上聲薺韻，乃其正音；一為「所賣切」，在去聲卦韻，注云：「洒埽。」[61]實即「灑」之音也。《廣韻》「灑」又有四音：所綺切，所蟹切，砂下切，所寄切。其意皆為「灑埽」或「灑水」，是此四音皆《説文》「灑」之音也。《釋文》借為「灑水」之義的「洒」字共出現八次，其中三次所懈反，一次色懈反，一次色賣反，二次所買反，一次色買反，而以所寄反、霜寄反為又音；「灑水」之「灑」共出現九次，一次所蟹反，一次色懈反，一次色蟹反，四次所買反，一次色買反，一次所蟹反，而以所懈反、所綺反、霜寄反、所賣反、山寄反為又音。其色懈、所懈、色賣三音，同《廣韻》之所賣切；所買、色買、所蟹、色蟹四音，同《廣韻》之所蟹切。《廣韻》之所綺、所寄二音，《釋文》皆作為又音出現，未見有讀作《廣韻》「砂下切」之音者。由此可知陸氏讀「灑」共有二音，一同《廣韻》上聲所蟹切，一同《廣韻》去聲所賣切。《詩・大雅・抑》「洒埽庭內」《釋文》「洒，色懈反」，《毛傳》「洒，灑」《釋文》「灑，色懈反」[62]，經文「洒」及傳文「灑」皆作去聲讀；《詩・唐風・山有樞》「子有廷內，弗洒弗埽」《釋文》「洒，所懈反」，《毛傳》「洒，灑也」《釋文》「灑，色蟹反」[63]，經文讀去聲，傳文則讀上聲，與《抑》篇不同。

59　《説文解字》十一篇上《水部》，第 236、237 頁。

60　《説文解字注》十一篇上《水部》，第 563 頁。

61　《宋本廣韻》卷四《去聲・十五卦》，第 364 頁。

62　《經典釋文》卷七《毛詩音義下・蕩之什第二十五・抑》「灑也」條，第 96 頁。

63　《經典釋文》卷五《毛詩音義上・唐蟋蟀第十・山有樞》「灑也」條，第 68 頁。

《詩・豳風・東山》「洒埽穹窒」《釋文》「洒，所懈反」[64]，作去聲字讀；《禮記・內則》「灑掃室堂及庭」《釋文》「灑，所買反」[65]，則又作上聲字讀。同一字同一義而陸氏有兩讀，且此兩讀非因四聲別義之故，而是一字一義而有兩個讀音。

　　寫卷首音「生買」，同於《廣韻》之所蟹切，作上聲字讀；其又音為去聲。《廣韻》「灑」（或洒）之去聲有二，一卦韻所賣切，一寘韻所寄切。既然寫卷作為「生買」之去聲，「生買」為佳韻上聲，那麼其「去音」應是指佳韻去聲，即卦韻也。劉詩孫云：「詩音洒字原注：一音去，即《廣韻》去聲之『所賣切』也。」[66]其說是也。是寫卷之讀音與《釋文》同也，一同《廣韻》上聲所蟹切，一同《廣韻》去聲所賣切。然寫卷云「一去音」，明顯地透露出它取材於別家音義的信息。

　　11.第五十九行「埽」條注「桑老反，一去音」。

　　案：此《抑》「洒埽庭內」句中文。《廣韻・晧韻》小韻「蘇老切」下有「埽」及「掃」字，注云：「埽除。」[67]《廣韻・號韻》小韻「蘇到切」下有「埽」及「掃」字，注云：「埽灑。《説文》：棄也。又桑道切。」[68]埽、掃古今字。是「埽」有上、去二音。《釋文》云「埽，素報反」，讀作去聲。「埽除」與「埽灑」其義實同，若強加分別，我們可以將它們分為灑水而埽及不灑水而埽兩種，讀作上聲者，不灑水而埽，讀作去聲者，灑水而埽。《釋文》「埽」出現凡二十二次，共有素報反、蘇報反、悉報反、索到反、素老反、蘇早反、先早反七音，其

64　《經典釋文》卷六《毛詩音義中・豳七月第十五・東山》「洒」條，第74頁。

65　《經典釋文》卷十二《禮記音義之二・內則第十二》「灑」條，第186頁。

66　劉詩孫：《敦煌唐寫本晉徐邈毛詩音考（續）》，《真知學報》1942年第1卷第5期。

67　《宋本廣韻》卷三《上聲・三十二晧》，第282頁。

68　《宋本廣韻》卷四《去聲・三十七號》，第398頁。

中素報反、蘇報反、悉報反、索到反同《廣韻》之蘇到切，素老反、
蘇早反、先早反同《廣韻》之蘇老切。《禮記・曲禮》「以袂拘而退，
其塵不及長者」鄭注「謂埽時也」《釋文》：「埽，先報反，又先早反。」[69]
以「先報反」為首音。此句所指當是不灑水而埽，而《釋文》以去聲
為首音，與《廣韻》不同。《爾雅・釋詁》「扭、拭、刷，清也」郭注
「振訊、扮拭、掃刷，皆所以為絜清」《釋文》：「埽，素老反。」[70]此
亦不灑水而埽也，而《釋文》又讀作上聲。《爾雅・釋草》「莃，馬帚」
郭注「似蓍，可以為埽蔧」《釋文》：「埽，蘇早反。」[71]又「葥，王蔧」
郭注「似藜，其樹可以為埽蔧」《釋文》：「埽，素報反。」[72]同一義而《釋
文》注音有上、去之別。是《釋文》此兩讀非因四聲別義之故，而是
一字一義而有兩個讀音。寫卷首音「桑老反」，同於《廣韻》之蘇老
切。其又音為去聲，則讀同《廣韻》之蘇到切。是其音亦與《釋文》
同也。其云「一去音」，當亦取材於別家音義。

　　12. (13)第七十八行「委」條注「英偽反，又如字」，「積」條注「子
漬，又如字」。

　　案：此《崧高》「以峙其粻」鄭箋「令廬市有止宿之委積」句中
文[73]。

　　《廣韻》「委」有二音，一音於詭切，一音於為切，在小韻「於詭
切」的「委」字下注云：「委曲也，亦委積。」[74]然寫卷切下字「偽」

69　《經典釋文》卷十一《禮記音義之一・曲禮第一》「謂埽」條，第163頁。

70　《經典釋文》卷二十九《爾雅音義上中・釋詁第一》「埽」條，第410頁。

71　《經典釋文》卷三十《爾雅音義下・釋草第十三》「埽」條，第424頁。

72　《經典釋文》卷三十《爾雅音義下・釋草第十三》「埽」條，第424頁。

73　《毛詩正義》卷十八之三《大雅・崧高》，第672頁。

74　《宋本廣韻》卷三《上聲・四紙》，第221頁。

是去聲寘韻字，與《廣韻》置「委」於上聲紙韻不同。《説文・羊部》：「羛，羊相羵也。」「羵，羛羵也。」[75]段注：「羛羵，疊韻字，猶委積也。」[76]王筠《説文釋例》云：「羛羵二字，説曰『羊相羛羵也』，以音揣之，蓋與《周禮》之『委積』同意。」[77]「羛羵」正字，「委積」借字。《玉篇・羊部》「羛」字下云：「於偽切，羊相羛羵也。或作委。」[78]正與寫卷「英偽反」相合。《廣韻・寘韻》小韻「於偽切」下亦有「羛」字，云：「羊相羛羵。又音委。」[79]是寫卷「英偽反」乃破讀「委」為「羛」也。寫卷「如字」之音即《廣韻》之「又音委」，即上聲紙韻「於詭切」也。P.2011《刊謬補缺切韻》及故宮本《王韻》在小韻「於偽反」下皆有「羛」字，注云：「羊相羵。」而無「又音委」之語。是「羛」之又音在《切韻》本無，《廣韻》蓋是據六朝音義而添也。

　　《廣韻・寘韻》小韻「子智切」下有「積」字，注云：「委積也。」又有「羵」字，注云：「羊相羛羵。」[80]與寫卷之首音「子漬」合。《廣韻・寘韻》小韻「疾智切」下有「羵」字，注云：「羛羵。」[81]當即寫卷所云「如字」之音。《釋文》「積」音「子賜反」，與寫卷「子漬」合。

四、又音與首音所注非同一字

（一）首音為被注字之音，又音則為被注字的假借字之音

75　《説文解字》四篇上《羊部》，第78頁。

76　《説文解字注》四篇上《羊部》，第146頁。

77　（清）王筠：《説文釋例》卷十四《鈔存》，第352頁。

78　《宋本玉篇》卷二十三《羊部》，第430頁。

79　《宋本廣韻》卷四《去聲・五寘》，第329頁。

80　《宋本廣韻》卷四《去聲・五寘》，第326頁。

81　《宋本廣韻》卷四《去聲・五寘》，第328頁。

14. 第五行「𠝂」條注「天歷反，又天帝」。

此《皇矣》「攘之剔之」句中文[82]。《廣韻》「剔」音「他歷切」，

與此「天歷」同。寫卷「天帝」之音，切下字「帝」在去聲霽韻，然《廣韻・霽韻》無「剔」字。《釋文》云：「剔，他歷反，字或作鬀，又作揥，同。」[83]《說文，髟部》「𩮉」篆下段注云：「《釋文》云『字或作鬀』。《詩》本作『𩮉』，訛之則為『鬀』，俗之則為『剔』，非古有『剔』字也。」《說文・髟部》：「鬀，髮也。或從也聲。」段注云：「鬀與𩮉義別，音亦有異。」[84]《廣韻》於《昔韻》小韻「思積切」下收「鬄」字，於《霽韻》小韻「特計切」下收「髢」字，同一字而音不同，誤也。《詩・鄘風・君子偕老》「鬒髮如雲，不屑髢也」《釋文》云：「髢，徒帝反。」[85]《周禮・天官・追師職》引《君子偕老》「鬒髮如雲，不屑鬄也」《釋文》云：「鬄，大計反，下同。沈音剃。」[86]《召南・采蘩》鄭箋引《禮記》（平案：當作《儀禮》）「主婦髮髢」《釋文》云：「鬄，本亦作髢，徒帝反。劉昌宗吐歷反，沈湯帝反。」[87]《儀禮・少牢饋食禮》「主婦被錫」鄭玄注「被錫，讀為髲鬄」《釋文》云：「被錫，依注讀為髲鬄。上音皮義反，下大計反。劉士歷反。」[88]是《釋文》讀髢（或鬄）並音定鈕霽韻，無讀思積切（心鈕昔韻）者。《釋文》「鬄」

82　《毛詩正義》卷十六之四《大雅・皇矣》，第568頁。

83　《經典釋文》卷七《毛詩音義下・文王之什第二十三・皇矣》「剔之」條，第92頁。

84　《說文解字注》九篇上《髟部》，第428、427頁。

85　《經典釋文》卷五《毛詩音義五・鄘柏舟第四・君子偕老》「髢」條，第60頁。

86　《經典釋文》卷八《周禮音義上・天官冢宰第一・追師》「屑鬄」條，第113頁。

87　《經典釋文》卷五《毛詩音義上・召南鵲巢第二・采蘩》「鬄」條，第55頁。

88　《經典釋文》卷十《儀禮音義・少牢饋食禮第十六》「被錫」條，第160頁。「劉士歷反」之「士」當作「土」，黃焯《經典釋文彙校》云：「葉鈔作『土』，案作『土』是也。」（第119頁）

讀為定鈕霽韻，與寫卷「天帝」之音為透鈕霽韻，聲紐有定、透之別。段氏於「鬀」篆下注云：「若《毛詩音義》云：鬀，本亦作髢，徒帝反，劉昌宗吐歷反，沈湯帝反。夫徒帝為『鬀』之反語，吐歷、湯帝二反則為『鬎』之反語。」[89]「剔」為「鬀」之俗字，故吐歷反為「鬀」之反語。然《廣韻》「鬀」並無「湯帝反」之音。黃侃《説文段注小箋》云：「鬀，與髢、髢皆同字。」[90]《廣韻》「髢」音他計切，正與此「天帝」之音同，是「天帝」為「髢」之音也。《説文·髟部》：「髢，鬀髮也。」[91]鬀髮亦即去除之意也。沈重音「湯帝反」者，其所據本作「髢」也。寫卷又音「天帝」，為「髢」注音也，其所據之本當是作「髢」。劉詩孫定「天帝」為「剃」之音[92]，是也，「剃」乃「鬀」之俗字[93]。

15. 第二十七行「則諏」條注「足須反，又子樓」。

此《生民》「載謀載惟」鄭箋「則識謀其日」句中文也[94]。《廣韻》「諏」音子於切，與寫卷首音「足須反」聲韻全合。《釋文》云「諏，足須反」[95]，與寫卷反切用字亦同。《廣韻·虞韻》小韻「子於切」下有「諏」字，注云：「謀也，又子侯切。」[96]然《侯韻》小韻「子侯切」下無「諏」字。劉詩孫云：「《廣韻·虞韻》子於切『諏』下注云：又子侯切。是《侯韻》子侯切內，固應有『諏』字也。今《廣韻》又音

89　《説文解字注》九篇上《髟部》，第 428 頁。
90　黃侃：《説文段注小箋》，黃侃箋識，黃焯編次：《説文箋識四種》，第 183 頁。
91　《説文解字》九篇上《髟部》，第 186 頁。
92　劉詩孫：《敦煌唐寫本晉徐邈毛詩音考（續）》，《真知學報》1942 年第 1 卷第 5 期。
93　《正字通》子集下《刀部》，第 93 頁。
94　《毛詩正義》卷十七之一《大雅·生民》，第 594 頁。
95　《經典釋文》卷七《毛詩音義下·生民之什第二十五·生民》「諏」條，第 93 頁。
96　《宋本廣韻》卷一《上平聲·十虞》，第 59 頁。

不互見，乃《廣韻》習見之例，要不可謂子侯內無『諏』字也。」[97]案：
S.2071《切韻》、P.2011《刊謬補缺切韻》及故宮本《王韻》並與《廣韻》
同。《左傳・襄公二十五年》「陪臣干掫有淫者」《釋文》：「掫，側留反，
徐又子俱反，一音作侯反。《說文》云：『掫，夜戒有所擊也，從手取
聲。』《字林》同，音子侯反。服本作『諏』，子須反，云：謀也。今
傳本或作『諏』，猶依『掫』音。」[98]《廣韻・侯韻》小韻「子侯切」
下有『掫』字，正與《釋文》所引一音及《字林》音合。服虔本「掫」
字作「諏」，故音子須反。徐邈音子俱反，亦為「諏」之音也。此諏、
掫二字通用之例。《釋文》「諏」字出七次，皆音「子須反」或「足須
反」，均在精紐虞韻，無讀作精紐侯韻者。寫卷「子樓」之音，應是為
「掫」注音，蓋《詩》有作「掫」之異本，其注音為「子樓」，寫卷據
以收入。至於諸本《切韻》及《廣韻》「子於切」下皆有「子侯切」之
又音，當是據六朝音義收入，《釋文》所云「今傳本或作諏，猶依掫
音」，即「諏」音子侯反之例也。其《侯韻》小韻「子侯反」下不出
「諏」字，蓋此又音「子侯切」後人所添之證也。

16. 第四十七行「譊」條注「拏交反，又荒瓜反」。

案：寫卷此條前為「恢」及「讙」條，下為「王休」條，據其所
處之位置，應是釋《民勞》「以謹惛恢」鄭箋「惛恢猶讙譊也」句之
「譊」字[99]。《廣韻》「讙」音呼瓜切，與寫卷之又音「荒瓜反」合，而
與其首音「拏交反」聲韻皆不合。「以謹惛恢」句《釋文》云：「惛恢，
大亂也。鄭云：猶讙譊也。」「譊」字下注云：「女交反。本又作讙，

97　劉詩孫：《敦煌唐寫本晉徐邈毛詩音考（續）》，《真知學報》1942 年第 1 卷第 5 期。
98　《經典釋文》卷十八《春秋左氏音義之四・襄公二十五年》「掫」條，第 265 頁。
99　《毛詩正義》卷十七之四《大雅・民勞》，第 631 頁。

音花。」[100]則陸所據本作「譊」，作「譁」者其所見之異本。寫卷出「譊」，與陸所據本同。《廣韻》「譊」音女交切，正與「拏交切」合。是「拏交反」為「譊」之音，「荒瓜反」為「譁」之音。

（二）首音為被注字之假借字之音，又音則為被注字之音

17. 第二十五行「或揄」條注「羊周反。《說文》云：『引也。』又如字」。

此為《生民》「或春或揄」之「揄」字注音也[101]。《說文・手部》：「揄，引也。」[102]《廣韻》「揄」有四音，一音羊朱切，注云：「揄揚，詭言也，又動也，《說文》引也。」一音以周切，注云：「同抌。」一音度侯切，注云：「引也。」一音徒口切，注云：「揄引。」[103]是羊朱切、度侯切、徒口切皆《說文》之「揄」也；以周切之「揄」乃是「抌」之異文。《毛傳》：「揄，抒臼也。」《鄭箋》：「春而抒出之。」《說文・臼部》：「舀，抒臼也。舀或從手從冘。」[104]是《詩》之「揄」，《廣韻》以周切之「揄」，本字皆當為「舀」。寫卷首音「羊周反」即「舀」之音，同《廣韻》之以周切。其「又如字」，則同《廣韻》之羊朱切。其所引《說文》，則為「揄」之義，非「舀」之義，與其注音不合。

18. 第四十九行「囂囂」條注「五高反，又斬妖」。

100　《經典釋文》卷七《毛詩音義下・生民之什第二十四・民勞》「怓」、「譊」條，第95頁。

101　《毛詩正義》卷十七之一《大雅・生民》，第594頁。

102　《說文解字》十二篇上《手部》，第254頁。

103　《宋本廣韻》卷一《上平聲・十虞》，第56頁；卷二《下平聲・十八尤》，第185頁；卷二《下平聲・十九侯》，第194頁；卷三《上聲・四十五厚》，第307頁。

104　《說文解字》七篇上《臼部》，第148頁。

此為《板》「聽我囂囂」之「囂」注音也[105]。劉詩孫云：「《廣韻·豪韻》五勞切內無『囂』字，而《宵韻》許嬌切內『囂』字注：又五刀切。五刀即五勞，是五勞切內固有『囂』字也，特《廣韻》失載耳。敦煌本王仁煦《刊謬補缺切韻》豪韻五勞反內有『囂』字，尤可證《廣韻》偶敓耳。」[106]

案：劉氏所云「敦煌本王仁煦刊謬補缺切韻」，當是指 P.2011《刊謬補缺切韻》[107]。該卷在《豪韻》小韻「五勞反」下收有此字，然該小韻標數十五，而「囂」字排第十六條。S.2071《切韻》之《豪韻》下未收此字，其《宵韻》小韻「許喬反」「囂」字下亦無又音。此卷姜亮夫先生定為「隋末唐初增字加注本切韻殘卷」[108]，可知其時代早於 P.2011卷。則 P.2011 卷之「囂」字為後加無疑。故宮本《王韻》此小韻標數二十，「囂」字排第十五條，是又遲於 P.2011 也。《毛傳》云：「囂囂猶謷謷也。」朱珔《說文假借義證》云：「蓋以囂為謷之假借。」[109]「謷」字《廣韻》在「五勞切」下，正與寫卷「五高反」合。「五高反」者，乃讀作「謷」字也。《爾雅·釋言》「囂，閑也」《釋文》：「囂，五刀反，又許嬌反。」[110]郝懿行《爾雅義疏》云：「《釋文》囂，許嬌反，此音

---

105 《毛詩正義》卷十七之四《大雅·板》，第 633 頁。「囂」為「囂」偏旁移位之後起別體。

106 劉詩孫：《敦煌唐寫本晉徐邈毛詩音考（續）》，《真知學報》1942 年第 1 卷第 5 期。

107 該卷劉復收入其所著《敦煌掇瑣》，中央研究院歷史語言研究所 1925 年出版，故劉詩孫得見之。

108 姜亮夫：《瀛外將去敦煌所藏韻書字書各卷敘錄》，《敦煌學論文集》，上海古籍出版社 1987 年版，第 330 頁。

109 朱珔：《說文假借義證》卷五，第 137 頁。

110 《經典釋文》卷二十九《爾雅音義上中·釋言第二》「囂」條，第 412 頁。「五刀反」原作「丘刀反」，黃焯《經典釋文彙校》云：「『丘』字誤，宋本作『五』。」（第 255 頁）茲據改。

是也。又五刀反，非矣。五刀乃『嗷』字之音，應在《釋訓》，《釋文》此『嚻』讀如字。」[111]《爾雅・釋訓》「仇仇、嗷嗷，傲也」《釋文》：「嗷嗷，本又作警，又作𡅏，同，五高反。」[112]《左傳・成公十六年》「在陳而嚻」《釋文》：「嚻，許驕反；徐讀曰嗷，五高反。」[113]皆可證作「五刀反」（或五高反）者乃「警」（或嗷、嗷）之音，而「嚻」則讀作許嬌反（或許驕反）。P.2011《刊謬補缺切韻》於「五勞反」下收「嚻」字，且其數溢出於小韻標字數，當是閱者據六朝音義書所添也。寫卷「嚻」音五高反，乃是據《毛傳》讀為「警」也。《廣韻》「五勞切」下無「嚻」字，應是《切韻》原貌；其《宵韻》下云又音「五刀切」者，乃前後失照故也。余迺永《新校互注宋本廣韻》在《豪韻》小韻「五勞切」末補「嚻」字[114]，非也。

　　《廣韻》「嚻」無「斬妖」之音，且「斬」為賺韻開口二等，不可與三等字「妖」配合。平山錄作「歆妖」，校云：「原作莊母『斬』，與曉母『嚻』不合，蓋是『歆』之訛誤。」[115]今謂平山所改當是。寫卷第四十七行「休」音「歆虯」，第六十行「翕」音「歆急」，皆以「歆」作為切上字。「歆妖」者，即「嚻」之本音，《廣韻》「許嬌切」，正與「歆妖」合。

（三）又音與首音為被注字的兩個不同的假借字之音

　　19. 第三十一行「既挾」條注「箋協反，又子合」。

111　《爾雅義疏》卷上之二《釋言弟二》，第456頁。

112　《經典釋文》卷二十九《爾雅音義上中・釋訓第三》「嗷嗷」條，第413頁。

113　《經典釋文》卷十七《春秋左氏音義之三・成公十六年》「而𡅏」條，第253頁。

114　余迺永：《新校互注宋本廣韻》，上海辭書出版社2000年版，第158頁。

115　平山久雄：《敦煌〈毛詩音〉殘卷反切の研究（上）》，《北海道大學文學部紀要》第14號第3分冊，1966年3月。

　　此《行葦》「既挾四鍭」句之文[116]。《廣韻》「挾」音胡頰切，與
寫卷首音「箋協反」聲紐有匣、精之別。《禮記‧玉藻》「夕深衣，祭
牢肉」鄭注「天子言餕，諸侯言祭牢肉，互相挾」《釋文》「挾，戶頰
反」[117]，《禮記‧曲禮上》「負劍辟咡詔之」鄭注「劍謂挾之於旁」《釋
文》「挾，音協」[118]，《左傳‧宣公十二年》「三軍之士皆如挾纊」《釋
文》「挾，戶牒反」[119]，諸「挾」字之音皆與《廣韻》之「胡頰切」合。
然此「既挾四鍭」句，《釋文》之音則為「子協反，又子合反」[120]，與
寫卷之音相合，而與《廣韻》不合。由此可知，此「子協反」（同寫卷
之「箋協反」）之音並非「挾」之音。《周禮‧天官‧大宰職》「挾日而
斂之」《釋文》云：「挾日，子協反，字又作浹，同。干本作币，子合
反，十日也。」[121]《廣韻》「浹」音子協切，正與《釋文》之音同。《左
傳‧成公九年》「浹辰之間，而楚克其三都」《釋文》：「浹，子協反，
徐又音子苔反。」[122]《太宰職》鄭注云：「從甲至甲謂之挾日，凡十
日。」[123]《左傳》杜注云：「浹辰，十二日也。」[124]挾日者，天干一循
環也；浹辰者，地支一循環也。此足證「挾」與「浹」通。《說文‧水
部》無「浹」字，新附始有[125]。黃侃《說文新附考原》認為「浹」為

---

116 《毛詩正義》卷十七之二《大雅‧行葦》，第602頁。

117 《經典釋文》卷十二《禮記音義之二‧玉藻第十三》「相挾」條，第189頁。

118 《經典釋文》卷十一《禮記音義之一‧曲禮第一》「挾之」條，第163頁。

119 《經典釋文》卷十七《春秋左氏音義之三‧宣公十二年》「如挾」條，第248頁。

120 《經典釋文》卷七《毛詩音義下‧生民之什第二十四‧行葦》「既挾」條，第94頁。

121 《經典釋文》卷八《周禮音義上‧天官冢宰第一‧大宰》「挾日」條，第109頁。

122 《經典釋文》卷十七《春秋左氏音義之三‧成公九年》「浹辰」條，第252頁。

123 《周禮注疏》卷一《天官冢宰第一‧大宰》，第33頁。

124 《春秋左傳正義》卷二十六《成公九年》，第449頁。

125 《說文解字》十一篇上《水部》，第238頁。

「帀」之後出[126]，黃焯申言之云：「《説文》『帀，周也』，浹從夾聲，夾與帀古音同在帖部，浹洽之義與周帀同也。……漢《衡方碑》始有『浹』字。」[127]寫卷首音「箋協反」，乃是讀「挾」為「浹」也。《大宰職》釋文云：「干本作帀，子合反。」《公羊傳·哀公十四年》何休注「人道浹，王道備」《釋文》：「浹，子協反，一本作帀。」[128]此浹、帀通用之例。《尚書·堯典》「朞三百有六旬有六日」偽孔傳「帀四時曰朞」《釋文》：「迊，子合反。」[129]《禮記·檀弓上》「四者皆周」鄭注「周，帀也」《釋文》：「帀，本又作迊，同，子合反。」[130]《左傳·哀西元年》「里而栽」杜注「周帀去蔡城一里」《釋文》：「帀，子合反。」[131]《爾雅·釋畜》「角三觠，羷」郭璞注「觠角三帀」《釋文》：「迊，子合反。」[132]帀、迊皆「帀」之後起分別文。是《釋文》「帀」皆音子合反。《廣韻》「帀」音子答切，正與「子合反」合。「帀」與「浹」在上古其音雖同，而在中古則其韻已有合、帖之別，故寫卷作者兼收此「子合」之音，而推原此音所注字，應是「帀」也。

20. 第六十二行「不譖」條注「創林反，又子念」。

案：寫卷此「不譖」條前為「卑藏」條，下為「猶擿」條。「卑藏」者「俾臧俾嘉」句中文，卑、俾古今字。「猶擿」者，當是指「投我以桃」箋「投猶擲也」中「猶擲」二字[133]。《説文》有「擿」無「擲」，

---

[126] 黃侃：《説文新附考原》，黃侃箋識，黃焯編次：《説文箋識四種》，第320頁。

[127] 黃侃：《説文新附考原》，第320頁。

[128] 《經典釋文》卷二十一《春秋公羊音義·哀公十四年》「道浹」條，第324頁。

[129] 《經典釋文》卷三《尚書音義上·堯典》「迊」條，第37頁。

[130] 《經典釋文》卷十一《禮記音義之一·檀弓第三》「周帀」條，第170頁。

[131] 《經典釋文》卷二十《春秋左氏音義之六·哀西元年》「周帀」條，第297頁。

[132] 《經典釋文》卷三十《爾雅音義下·釋畜第十九》「迊」條，第437頁。

[133] 《毛詩正義》卷十八之一《大雅·抑》，第648頁。

「擿」篆下段玉裁注云：「今字作擲，凡古書用投擲字皆作擿。」[134]而「摘」則為「擿」之省筆借字。據此可知「不諎」條當是指「不僭不賊」句之「不僭」二字。《說文・言部》：「諎，恕也。」[135]段玉裁於《說文・人部》「僭」篆下注云：「以下儗上，僭之本義也。」[136]是僭、諎二字義不同。《詩經》「僭」、「諎」二字常混用，如《巧言》「僭始既涵」箋云：「僭，不信也。」[137]《大雅・桑柔》「朋友已諎」箋云：「諎，不信也。」[138]不信者，「僭」之義也。《說文・人部》：「僭，假也，一曰相疑。」[139]相疑即是不信。《廣韻》「諎」音莊蔭切，與寫卷之二音皆不合。《釋文》出「不諎」，注云：「本亦作僭，子念反，差也。」「子念反」正與寫卷之又音同；《廣韻》「僭」音子念切，亦與寫卷之又音同，是「子念」之音乃是為「僭」注音也。

　　《廣韻》「諎」或「僭」均無「創林反」之音。賈昌朝《羣經音辨・人部》「僭，侵也」條注云：「七心切，《詩》『以籥不僭』。又子念、楚林二切。」[140]查《詩・小雅・鼓鍾》「以籥不僭」《釋文》云：「僭，七念反，沈又子念反，又楚林反。」[141]然《禮記・文王世子》「胥鼓《南》」鄭注引《詩》「以雅以南，以籥不僭」《釋文》：「僭，七尋反，又子念反。」[142]《明堂位》「《任》，南蠻之樂也」鄭注引《詩》「以雅

134　《說文解字注》十二篇上《手部》，第 601 頁。

135　《說文解字》三篇上《水部》，第 56 頁。

136　《說文解字注》八篇上《人部》，第 378 頁。

137　《毛詩正義》卷十二之三《小雅・巧言》，第 423 頁。

138　《毛詩正義》卷十八之二《大雅・桑柔》，第 656 頁。

139　《說文解字》八篇上《人部》，第 166 頁。

140　（宋）賈昌朝：《羣經音辨》卷三《辨字同音異・人部》，《四部叢刊續編》，商務印書館 1934 年版，第 13A 頁。

141　《經典釋文》卷六《毛詩音義中・小雅・鼓鍾》「不僭」條，第 84 頁。

142　《經典釋文》卷十二《禮記音義之二・文王世子》「不僭」條，第 181 頁。

以南，以籥不僭」《釋文》：「僭，七尋反，又則念反。」[143]「七念反」者，清紐去聲㮇韻；「七尋反」者，清紐平聲侵韻，同一詞而《釋文》讀音有別，蓋其音承襲六朝音義而非自撰也。賈氏之又音取自《釋文》也。其首音「七心切」，清紐侵韻。《廣韻》「僭」音子念切，而無「七心切」之音。《廣韻》「侵」音七林切，正與「七心切」合，《禮記》釋文之「七尋反」與「七心切」音同。賈氏以「七心切」音僭，乃是讀「僭」為「侵」也。《說文・人部》：「僭，儗也。」段注：「以下儗上，僭之本義也。」是僭者，謂侵權行事也。僭、侵二字同源[144]，故賈昌朝釋「僭」為「侵」，並讀「僭」為「侵」音。《禮記》釋文音「七尋反」者，亦讀為「侵」也。《尚書・湯誥》「天命弗僭」《釋文》：「僭，子念反，弋也。劉創林反。」[145]《周禮・春官・大宗伯職》「以軍禮同邦國」鄭注：「同，謂威其不協僭差者」《釋文》：「僭，子念反，沈創林反。」[146]劉（佚名）、沈重並音「僭」為創林反[147]，「創」者穿紐二等字。穿二等與清紐在上古本為一紐，精系與照系二等在《切韻》裡尚有互切之例[148]。是「創林反」者讀「僭」為「侵」也。

　　寫卷照二系及精系互切例共有兩條，另一條是第九十六行「苴」條注的又音「在加反」。然寫卷精系字共出八十四次，照二系字凡出十六次，唯此兩條為照二系與精系互切之例。照二系與精系在作者的語音裡應該已經分化。當然，仍留存有少量的混讀也是有可能的。至於

143　《經典釋文》卷十二《禮記音義之二・明堂位》「不僭」條，第 191 頁。

144　張希峰：《漢語詞族續考》，巴蜀書社 2000 年版，第 408 頁。

145　《經典釋文》卷三《尚書音義上・湯誥》「僭」條，第 42 頁。

146　《經典釋文》卷八《周禮音義上・春官宗伯第三・大宗伯》「僭」條，第 119 頁。

147　沈重著有《周禮音》一卷，見（唐）李延壽《北史》卷八十二《儒林傳下・沈重》，第 2741 頁。

148　陸志韋：《古反切是怎樣構造的》，《中國語文》1963 年第 5 期。

以「在加反」為又音，應該不是作者自己的注音，而是取之於他家音義。

五、首音與又音分別為毛、鄭義注音

20. 第六十行「不虣」條注「市由，市救」。

此音《抑》「無言不虣」句之「虣」也[149]。《廣韻》「虣」音市流切，禪紐平聲尤韻，與寫卷「市由」之音合。然「市救」之音則為去聲宥韻，《廣韻》「虣」無此音。《鄭箋》云：「教令之出如賣物，物善則其售賈貴，物惡則其售賈賤。」《廣韻》「售」音承咒切，禪紐去聲宥韻，正與「市救」之音合。《釋文》云：「虣，市由反，用也。徐云，鄭市又反。」[150]徐邈言鄭市又反，亦與寫卷「市救」之音合。是「市由」為毛義注音，「市救」為鄭義注音。考寫卷凡毛、鄭義不同者，均分別注音，並注出毛、鄭字樣，如二行「御，毛顏嫁反，鄭言據反」，四十三行「伴，毛普半反，鄭蒲半」，七行「串，毛瓜患反；鄭為混，古溫反」，八十八行「旬，毛松荀反，鄭作營」，至於四十七行「遠能，乃登，鄭能代反」、六十一行「屋，烏鹿反，鄭泓角」等，應是傳抄過程中抄脫「毛」字所致。此條寫卷之二音乃分別為毛、鄭義注音，根據寫卷體例，應作「毛市由，鄭市救」，今如此作者，蓋傳抄過程中抄脫毛、鄭二字也。因而此條不能算作寫卷之又音條目。

結論

149　《毛詩正義》卷十八之一·《大雅·抑》，第647頁。

150　《經典釋文》卷八《毛詩音義下·蕩之什第二十五·抑》「不虣」條，第96頁。

——寫卷之又音，非作者之注音，而是取自別家注音

　　從第二類及第四類共七條的分析可以看出，寫卷與《經典釋文》的注音體例極為相似，我們可以肯定寫卷之又音非《詩音》作者所擬，而是取材於其他音義著作。即便是第一類第一、二兩條其首音與又音聲韻全同的情況，在《經典釋文》中亦可找出相似的例子。《周易·大壯卦·九三》「羝羊觸藩，羸其角」《釋文》：「羸，律悲反，又力追反。」[151]二反聲韻全同，偽《古文尚書·咸有一德》「沃丁既葬伊尹於亳」《釋文》：「沃，烏毒反，徐於毒反。」[152]二反亦聲韻全同。《釋文》集漢魏六朝眾家音義而成，「故反音雖同而反語有異者亦具列之」[153]。寫卷這種情況與《釋文》相同，據此我們可以推知，作者在注音時，對前人的注音是有所參考並吸納的。

　　至於第三類「又音及首音合於《廣韻》之異讀」，我們知道《切韻》是綜合古今南北語音的集大成的著作，《廣韻》是增訂《切韻》而成的。其中的異讀，大多取材於漢魏六朝之音義著作。從第五、九、十二條的分析中，可以看出《廣韻》對《切韻》所作的增補。雖然我們不能肯定地說，這一類九條又音均非《毛詩音》作者所自擬，但它與《釋文》的情況相似，其中大部分取材於別家音義，應該是不會有疑問的。

　　既然寫卷之又音非作者自擬之音，因而在進行音系歸納或分析反切構造時，是不能將它們一併作為作者之正音進行研究的。任福祿先生說：「在用繫聯法考定某一音系時，一般地只能取正音，不能取又

151　《經典釋文》卷二《周易音義·周易下經咸傳第四·大壯卦》「羸」條，第25頁。

152　《經典釋文》卷三《尚書音義上·咸有一德第八》「沃」條，第42頁。

153　吳承仕：《經籍舊音辨證》，第81頁。

音，一旦加進又音，就不會得出符合實際的結論。」[154]劉詩孫、平山久雄在對《毛詩音》寫卷進行研究時，沒有將這些又音與《詩音》作者之正音區別開來，一併作為正音材料進行分析，這種做法無疑是不科學的。但由於他們在分析過程中，採用了一種取巧的方法[155]，因而沒有對他們最後得出的結論產生很大的影響，可是其所取材料數據的正確性卻是要打一個折扣的。當然，由於對又音缺少考辨，他們也遺漏了一些重要的線索。如第九十六行「苴」的又音「在加反」，是以從紐字切牀二等，反映了精照二系關係。「苴」字應歸入精紐，劉詩孫卻根據切上字「在」，將「苴」歸入從紐，平山將「苴」歸入假攝崇紐麻韻。同樣第六十二行「譖」的首音「創林反」，「譖」當讀為「侵」，以創切侵是以穿二等字切清紐字，亦反映了照二系與精系的關係。劉詩孫根據切上字「創」，將「譖」歸入穿紐，平山將「譖」歸入深攝初紐侵韻。由此首音「創林反」，我們可以懷疑，《詩音》作者的語音體系中，可能還存在有精照二系混用的情況。而這一點，在劉詩孫與平山的音系歸納中，沒有反映出來。

（原載《中國俗文化研究》第 2 輯，項楚主編，張勇執行主編，巴蜀書社 2004 年版）

---

154 任福祿：《顏師古〈漢書注〉舌音唇音反切聲類研究》，《古漢語研究》1993 年第 3 期。

155 劉詩孫的做法，是以寫卷之音與《廣韻》比較，以考求寫卷音系的特點，由於沒有對又音作詳細的考察研究，因而很多又音材料在《廣韻》中找不到對應的反切，劉氏往往以「《廣韻》無」的方法迴避，如第四行「蕾」之又音「側吏」，第四十七行「譊」之又音「荒瓜反」。平山久雄由於僅僅是對反切作音理上的分析，因而對又音與被切字的關係可以避免。如第三十一行「挾」的又音「子合」，乃是收了別本異文「帀」的注音，平山將這條歸入咸攝精紐合韻；第四十七行「譊」之又音「荒瓜反」，乃是收了別本異文「譁」的注音，平山將它歸入假攝曉紐麻韻。但平山沒有對這兩個又音所注之本字進行考證。

英藏敦煌《毛詩音》寫卷所見《毛詩》本字考

　　英藏 S.2729 號《毛詩音》寫卷，起《詩大序》「王者之風，故繫之周公」句注音「王者」條，至《唐風·山有樞》「子有廷內，弗洒弗埽」句注音「埽」字條，共一百二十九行。寫卷以毛亨傳、鄭玄箋《詩經》為底本，摘字為音，詞目單行大字，注文雙行小字。

　　關於《毛詩音》寫卷之作者，王重民、王利器、潘重規、平山久雄、張寶三等皆有所考證，然迄今未有定論[1]。寫卷的抄寫時間大約在八世紀後半期[2]。

　　《毛詩》自東漢鄭玄作《箋》以後，逐漸定於一尊。但在流傳過程中，由於輾轉傳抄，加上分化字的大量產生，不可避免地出現了許多異文，因而《毛詩》及《毛傳》、《鄭箋》之原文多有被改竄者。此《毛詩音》寫卷不諱「世」、「民」二字，而且第一百零二行「袟」字以「民

1　對諸家之說的介紹參拙著《敦煌經籍敘錄》，中華書局 2006 年版，第 192 頁。

2　平山久雄：《敦煌〈毛詩音〉殘卷反切的結構特點》，《古漢語研究》1990 年第 3 期。

世」二字為切語，應是唐以前的作品[3]；第十五行「息」條引用隋朝劉炫之說，則必作於劉炫之後[4]。據此，寫卷《毛詩音》應該是隋朝時的作品，差不多與《經典釋文》同時，則其所據《毛詩》之底本應是六朝古本。通過與今傳本的比較，發現其所據《毛詩》經、傳、箋之文多有與今本相異者，而且頗有可證後世傳本肆意篡改者，可藉以知漢時《毛詩傳箋》之原貌。

　　1.《周南·關雎》「悠哉悠哉，輾轉反側」[5]。

　　陸德明《經典釋文》曰：「輾，本亦作展，哲善反。呂忱從車展。」[6]盧文弨云：「王逸《楚辭章句》十六引《詩》『展轉反側』，李賢注《後漢書·光武帝紀》、李善注潘岳《秋興賦》並同，《說文》無『輾』字，當以作『展』為正。」[7]

　　陳啟源云：「《釋文》云：『輾，本亦作展，呂忱從車展。』則『輾』字殆始於《字林》。《說文》有『展』字，無『輾』字；《玉篇》展、輾二字皆訓轉，無二義。《澤陂》『輾』字《釋文》亦云『本又作展』，是知車旁皆後人加也。近世趙凡夫言『輾』字是『報』字所改，恐不然也。『報』，轍也，尼展切，與『輾』字音義俱不同。」[8]周邵蓮云：「《說文》有『展』字，無『輾』字，則『輾』殆始於《字林》，《玉篇》嗣

3　潘重規：《倫敦藏斯二七二九號暨列寧格勒藏一五一七號敦煌毛詩音殘卷綴合寫定題記》，《敦煌詩經卷子研究論文集》，香港新亞研究所 1970 年版，第 78 頁。

4　平山久雄：《敦煌〈毛詩音〉殘卷反切的結構特點》，《古漢語研究》1990 年第 3 期。

5　本文凡引用《詩經》之經、注、疏，除標明是敦煌寫卷外，其餘均據中華書局 1980 年影印之阮元編《十三經注疏》本。

6　《經典釋文》卷五《毛詩音義上·周南第一·關雎》「輾」條，第 53 頁。

7　（清）盧文弨：《經典釋文考證》，《叢書集成初編》本，商務印書館 1935 年版，第 66 頁。

8　陳啟源：《毛詩稽古編》，《清經解》第 1 冊，上海書店 1988 年版，第 347 頁。

有之。」[9]李富孫云：「古本皆當作『展』。《説文》云：『展，轉也。』今從車旁，則《字林》所加也。」[10]王引之云：「『展』字因『轉』字而誤加『車』。」[11]陳奐云：「《釋文》：『輾，本亦作展，呂忱從車展。』則『輾』字始見於呂忱《字林》，古作『展』必矣。《説文》：『屢，轉也。』今隸變作『展』。」[12]牟庭據《説文》及《楚辭》王逸注改「輾」為「展」[13]。

今寫卷第四行出「展轉」二字，知其所據底本作「展」，正與諸家所考合，其所存者《毛詩》之本字，作「輾」者，乃涉下「轉」字類化所致[14]。

馬王堆漢墓帛書《老子》甲本卷後古佚書《五行》引《詩》云：「婘塼反廁。」[15]于茀云：「婘：毛詩作『輾』，齊魯韓三家作『展』。婘，《説文》所無。《廣雅·釋詁》：『婘，好也。』《玉篇》：『婘，好貌。』婘，此處於詩無義。婘、輾都是元部字，『婘』當是『輾』的假借字。塼：毛詩作『轉』。《字彙》：『塼，楚人謂圓為塼。』塼，定母元部字；轉，端母元部。轉、塼二字疊韻旁紐，是以『塼』假借為『轉』。」[16]

案：《毛詩》作「展」不作「輾」，考已見上。于氏言「毛詩作『輾』，齊魯韓三家作『展』」，誤。其説當來自王先謙《詩三家義集

9　（清）周邵蓮：《詩考異字箋餘》卷一，《續修四庫全書》第75冊，上海古籍出版社1995年版，第300頁。

10　李富孫：《詩經異文釋》，《清經解續編》第2冊，第1332頁。

11　王引之：《經義述聞》卷三十二《通説下》「上下相因而誤」條，第781頁。

12　陳奐：《詩毛氏傳疏》卷一《周南關雎詁訓傳·關雎》，第6A頁。

13　（清）牟庭：《詩切》，齊魯書社1983年版，第20頁。

14　俞樾：《古書疑義舉例》卷七《字因上下相涉而加偏旁例》，第146頁。

15　國家文物局古文獻研究室編：《馬王堆漢墓帛書〔壹〕》，文物出版社1980年版，第24頁。

16　于茀：《金石簡帛詩經研究》，北京大學出版社2004年版，第6頁。

疏》，查王書云：「《釋文》：『輾，本亦作展，呂忱從車展。』是『輾』字始見《字林》，知三家作『展』。」[17]王氏既言「『輾』字始見《字林》」，是必知《毛詩》亦作「展」也，其所以不言者，書名為《詩三家義集疏》也。

　　《說文・卪部》：「卷，厀曲也。」[18]段玉裁注：「卷之本義也，引申為凡曲之偁。」[19]《詩・大雅・卷阿》「有卷者阿，飄風自南」《毛傳》：「卷，曲也。」《陳風・澤陂》「有美一人，碩大且卷」《毛傳》：「卷，好貌。」《釋文》云：「卷，本又作婘。」[20]《廣雅・釋詁》：「婘，好也。」[21]「卷，」可借為「婘」，則「婘」亦可借為「卷」。帛書所引「婘」字，「卷」之借字也。卷者，曲也。《說文》有「摶」無「槫」，但西漢初的銀雀山漢簡已有「槫」字，銀雀山漢墓竹簡《六韜》：「展槫而求之。」[22]此「展槫」與《詩》之「展轉」同義，槫、轉同從專得聲，其音同，其詞義之來源亦同，從專聲之字有圓義[23]，圓物彎曲，圓與曲義相成。陳奐云：「《廣雅》：『展轉，反側也。』《何人斯》箋：『反側，展轉也。』展與轉同義，展轉又與反側同義。」[24]《說文・尸部》：「展，轉也。」[25]《廣雅・釋詁》「展，舝也」王念孫《疏證》：「展轉亦詘曲之意。」[26]「展

17　《詩三家義集疏》卷一《周南關雎第一・關雎》，第 13 頁。

18　《說文解字》九篇上《卪部》，第 187 頁。

19　《說文解字注》九篇上《卪部》，第 431 頁。

20　《經典釋文》卷六《毛詩音義中・陳風第十二・澤陂》「且卷」條，第 72 頁。

21　王念孫：《廣雅疏證》卷一下《釋詁》，第 25 頁。

22　《銀雀山漢墓竹簡》（壹）「釋文」，文物出版社 1985 年版，第 116 頁。

23　楊樹達：《積微居小學述林》卷三《釋篆》，第 74 頁。

24　陳奐：《詩毛氏傳疏》卷一《周南關雎詁訓傳・關雎》，第 6A 頁。

25　《說文解字》八篇上《尸部》，第 174 頁。

26　《廣雅疏證》卷四下《釋詁》，第 131 頁。

轉」狀人在床上反覆之貌，人在床上反覆而不能入眠，體必蜷曲。「展轉」、「婘槫」皆同義複詞流變而成之聯綿詞，故不可謂「婘槫」為「輾轉」之假借字。

2. 《周南・葛覃》「服之無斁」《毛傳》「斁，厭也」。

《釋文》云：「猒，於豔反，本亦作厭。」[27]

案：《說文・甘部》「猒，飽也」段玉裁注：「淺人多改『猒』為『厭』，『厭』專行而『猒』廢矣。『猒』與『厭』音同而義異。《雒誥》『萬年猒於乃德』，此古字當存者也。按飽足則人意倦矣，故引申為猒倦、猒憎。」[28]寫卷第六行出「猒」字，與《釋文》同；《行露》有「厭浥行露」句，寫卷第二十五行亦出「猒」字。「猒」者，經、傳之本字也。

3. 《召南・鵲巢》「維鳩居之」《毛傳》「鳩，鳲鳩，秸鞠也」。

《釋文》云：「秸，古八反，又音吉。《爾雅》作『鴶』。」[29]是知德明所見之本均作「秸」。然《說文》無「秸」篆，《說文・鳥部》云：「鴶，秸鴶，尸鳩。」[30]則《說文》說解中有「秸」字。段玉裁注云：「秸，各本作『桔』，今依《廣韻》、《韻會》。」[31]知段氏所見《說文》諸本皆作「桔」，而據《廣韻》、《韻會》改為「秸」[32]。小徐本作

27　《經典釋文》卷五《毛詩音義上・周南第一・葛覃》「猒也」條，第54頁。

28　《說文解字注》五篇上《甘部》，第202頁。

29　《經典釋文》卷五《毛詩音義上・召南第二・鵲巢》「秸」條，第55頁。

30　《說文解字》四篇上《鳥部》，第79頁。

31　《說文解字注》四篇上《鳥部》，第149頁。

32　1963年中華書局影印大徐本《說文解字》作「秸」，而段玉裁未見過作「秸」之本。中華影印本來自孫星衍於嘉慶十四年（1809）覆刻宋本，而且徐鍇《說文解字繫傳》不作「秸」，頗疑孫氏覆刻本曾據段氏《說文解氏注》校改。

「桔」[33]。桂馥《説文解字義證》亦作「桔」，桂氏考云：「桔，李燾本、《廣韻》、《集韻》、《類篇》竝作『秸』，與《詩》毛傳同。」[34]王筠《説文解字句讀》作「桔」，考云：「桔，一作『秸』，諸引亦多同，又與《毛傳》合。然《説文》無『秸』字，且《毛傳》『秸鞠』，《方言》作『結誥』，知此名取其聲，不必某為正字。然《左·昭十七年傳》杜注之『鳲鵴』，《釋文》云：『本亦作秸鞠。』是杜注本同《毛傳》，後人依俗本《爾雅》改之。」[35]

　　案：「秸鞠」雙聲聯綿詞，《爾雅·釋鳥》作「鳲鵴」[36]，《廣雅·釋鳥》作「鳲鵴」[37]，《方言》作「結誥」[38]。嚴元照謂《説文》無「秸」及「鳲鵴」字，當作「桔籟」[39]。黃侃手批《爾雅正名》云：「段改謬。」[40]不贊同段玉裁改「秸」為「桔」之舉。寫卷第十八行出「桔」字，正與嚴元照、黃侃之説合，是作「桔」者當是《毛傳》原貌。平山久雄改「桔」為「秸」，校云：「原從『木』，當非。」[41]以不誤為誤也。

　　4. 《邶風·燕燕》「燕燕于飛，頡之頏之」。

　　《説文·亢部》：「亢，人頸也。從大省，象頸脈形。亢或從頁。」[42]

33　（南唐）徐鍇：《説文解字繫傳》卷七《通釋》，中華書局 1987 年版，第 72 頁。

34　桂馥：《説文解字義證》卷十《鳥部》，第 308 頁。

35　王筠：《説文解字句讀》卷七《鳥部》，第 129 頁。

36　（晉）郭璞注，（宋）邢昺疏：《爾雅注疏》，阮元編《十三經注疏》，中華書局 1980 年版，第 2648 頁。

37　《廣雅疏證》卷十下《釋鳥》，第 373 頁。

38　錢繹：《方言箋疏》卷八，第 467 頁。

39　嚴元照：《爾雅匡名》，《清經解續編》第 2 冊，第 1207 頁。

40　《黃侃手批爾雅正名》，武漢大學出版社 1986 年版，第 1 19 頁。

41　平山久雄：《敦煌毛詩音殘卷反切的研究（上）》，《北海道大學文學部紀要》第 14 號第 3 分冊，1966 年 3 月。

42　《説文解字》十篇下《亢部》，第 215 頁。

王筠云：「自用『亢』為高亢，『頏』為頡頏，乃作『吭』以代之。」[43]
李富孫《説文辨字正俗》云：「『頏』本『亢』或體字，『亢』今俗作
『吭』，或作『肮』。以『頏』專為頡頏字，畫分二義矣。」[44]邵瑛《説
文解字群經正字》云：「《詩‧燕燕》『頡之頏之』，從或體；《爾雅‧
釋鳥》『亢，鳥嚨』，正字也。」[45]《漢書‧揚雄傳》有「是故騶衍以頡
亢而取世資」句[46]，朱起鳳云：「『亢』乃『頏』字之古，班書多古
字。」[47]是亢、頏古今字。

　　段玉裁云：「『頡』與『頁』同音，『頁』古文『𩠐』，飛而下如𩠐
首然，故曰『頡之』，古本當作『頁之』；『頏』即『亢』字，『亢』之
引申為高也，故曰『亢之』，古本當作『亢之』。」[48]阜陽漢簡《詩經》
第二十一簡此句作「𠤎=于非吉」[49]，「頡」字寫作「吉」，則其所殘缺
之下字極可能寫作「亢」。「頡頏」蓋本作「吉亢」，因鳥飛頭頸或向上
或往下之故，遂增頁旁作「頡頏」也。徐灝《説文解字注箋》云：
「《易‧小過‧象傳》虞注『飛下偝亢』，即本毛義。段以為上下互譌，
非也。其以『頁』為能首之『𩠐』，尤誤。」[50]案虞翻《周易注》「飛下
偝亢」句必本於《毛傳》「飛而下曰頏」，其作「亢」，則虞氏所據本《毛
詩》作「亢」也。寫卷第三十六行出「亢」條，則其所據底本作「亢」

43　《説文釋例》卷六《同部重文》，第 144 頁。

44　丁福保編：《説文解字詁林》第 11 冊，中華書局 1988 年版，第 10178 頁。

45　（清）邵瑛：《説文解字群經正字》，《續修四庫全書》第 211 冊，上海古籍出版社
　　1995 年版，第 267 頁。

46　《漢書》卷八十七下《揚雄傳第五十七下》，第 3567 頁。

47　朱起鳳：《辭通》上冊，上海古籍出版社 1982 年版，第 885 頁。

48　《説文解字注》十篇下《亢部》，第 497 頁。

49　胡平生、韓自強：《阜陽漢簡詩經研究》，上海古籍出版社 1988 年版，第 4 頁。

50　徐灝：《説文解字注箋》卷十下《亢部》，《續修四庫全書》第 226 冊，第 344 頁。

不作「頗」也，正與虞翻注相合，足證段氏「古本當作『亢之』」之論。

5.《邶風·終風》「願言則嚏」《鄭箋》「嚏讀當為不敢嚏咳之嚏」。

案：嚏，打噴嚏；咳，咳嗽。《説文·口部》：「咳，小兒笑也。」[51] 非此義。《説文·欠部》：「欬，屰氣也。」[52]《玉篇·欠部》：「欬，口載切，上欶也。」[53] 這應該是咳嗽之「咳」的本字。《釋文》出「咳」，音「開愛反」[54]；《廣韻》「欬」音苦愛切，「咳」音戶來切。「開愛反」與《廣韻》「苦愛切」合，是德明讀「咳」為「欬」也。「咳」、「欬」聲紐溪、匣有別。然喉、牙音發音部位接近，古多互諧。如黃、璜、潢、簧、蟥諸字皆從黃聲，讀入匣紐，然黌、獷亦從黃得聲，則為溪紐字；又慊、嫌同從兼聲，一讀匣紐，一讀溪紐。據《説文》，嚏咳之「咳」本字應是「欬」，寫作「咳」者，轉匣為溪也。關於喉牙聲轉的問題，可參朱聲琦《從古今字、通假字等看喉牙聲轉》一文[55]。寫卷第三十九行出「欬」，存本字也。

6.《邶風·北門》「終窶且貧，莫知我艱」。

《釋文》：「窶，其矩反，無禮也。《爾雅》云：『貧也。』案謂貧無可為禮。」[56]《爾雅·釋言》：「窶，貧也。」[57] 雷浚云：「《説文》無『窶』字。《宀部》『寠，無禮居也』，即『窶』字。」[58] 錢大昕云：「窶，

51　《説文解字》二篇上《口部》，第 31 頁。

52　《説文解字》八篇下《欠部》，第 180 頁。

53　《宋本玉篇》卷九《欠部》，第 179 頁。

54　《經典釋文》卷五《毛詩音義上·邶柏舟第三·終風》「咳」條，第 58 頁。

55　《徐州師範大學學報》1998 年第 1 期。

56　《經典釋文》卷五《毛詩音義上·邶柏舟第三·北門〉「窶」條，第 59 頁。

57　《爾雅注疏》，阮元編《十三經注疏》，第 2582 頁。

58　雷浚：《説文外編》卷十六《補遺·詩》，第 386 頁。

窶字之訛。」[59]陳奐曰:「窶,從「宀」,俗從「穴」。」[60]從「宀」之字俗常寫作從「穴」,如「宇」俗作「穽」,「牢」俗作「窂」[61],「窶」寫作「窶」,亦此類也。「窶」字出現的時間,大約在唐代[62]。P.3719《爾雅(釋詁—釋訓)》此字已寫作「窶」,該卷的抄寫時代應是晚唐時期[63]。寫卷第五十四行出「窶」字,正是《毛詩》原貌。

7.《鄘風·君子偕老》「委委佗佗,如山如河」。

《釋文》:「佗佗,待何反,德平易也,注同。《韓詩》云:『德之美貌。』」[64]以是知德明所見本均作「佗佗」。《爾雅·釋訓》「委委、佗佗,美也」[65],《釋文》:「委委,於危反。《詩》云『委委佗佗,如山如河』是也。佗佗,本或作『它』字,音徒河反。顧舍人引《詩》釋云:『禕禕它它,如山如河。』」[66]則德明所見《爾雅》有作「它它」者。盧文弨云:「宋本作『他他』,《讀詩紀》引《釋文》亦作『他他』,是作『佗佗』者後人依注疏本改。」[67]馮登府《三家詩異文疏證》云:「古本作『它』,亦或作『佗』,。盧氏文弨……非也。」[68]嚴元照《爾雅匡名》云:「『蛇』之本字為『它』(隸變為它),後人因聲轉而易『它』

59 錢大昕:《經典文字考異》上,《嘉定錢大昕全集》第1冊,第8頁。

60 陳奐:《詩毛氏傳疏》卷三《邶柏舟詁訓傳·北門》,第41A頁。

61 秦公:《碑別字新編》,文物出版社1985年版,第24、42頁。

62 說參張湧泉《敦煌俗字研究》下編,上海教育出版社1996年版,第193-194頁。

63 說見拙著《敦煌經籍敘錄》,中華書局2006年版,第431頁。

64 《經典釋文》卷五《毛詩音義上·鄘柏舟第四·君子偕老》「佗佗」條,第60頁。

65 《爾雅注疏》,阮元編《十三經注疏》,第2589頁。

66 《經典釋文》卷二十九《爾雅音義上中·釋訓》「委委佗佗」條,第413頁。

67 盧文弨:《經典釋文考證》第1冊,商務印書館1935年版,第76頁

68 (清)馮登府:《三家詩異文疏證》,阮元編《清經解》第7冊,上海書店1988年版,第981頁。

為『佗』。」[69]案嚴説是也。強運開《説文古籀三補》云：「齊侯敢『它=阤=，『佗』不從人，『它』字重文。」[70]寫卷第六十三行出「它它」，知其所據本作「它它」，正與顧野王所引《魯詩》作「它它」同[71]。然寫卷所據者《毛詩》，則《毛詩》亦作「它它」也。王先謙《詩三家義集疏》云：「蓋《詩》字本作『它』，加『虫』旁則為『蛇，加『人』旁則為『佗』，『佗』變文又為『他』。」[72]其説是也。S.789《毛詩》寫卷作「委=包=」，「包」者必為「它」之訛字，是亦作「它它」之本也。

8. 《鄘風・君子偕老》「玼兮玼兮，其之翟也」。

《釋文》：「玼，音此，又且禮反，鮮盛貌。《説文》云：『新色鮮也。』《字林》云：『鮮也。』音同。《玉篇》『且禮反』，云：『鮮明貌。』沈云：『毛及呂忱並作玼解，王肅云：「顏色衣服鮮明貌，本或作瑳。」此是後文『瑳兮』，王肅注：「好美衣服潔白之貌。」若與此同，不容重出。』今撿王肅本後不釋，不如沈所言也。然舊本皆前作『玼』，後作『瑳』字。」[73]

《説文・玉部》：「瑳，玉色鮮白。」「玼，玉色鮮也。」[74]段玉裁於「玼」篆下注：「古此聲之字多轉入十六部，十六部與十七部至近，是以劉昌宗云『倉我反』也。『玼』之或體作『瑳』，楚景瑳以為名。《詩・君子偕老》二章、三章皆曰『玼兮玼兮』，是以二章毛、鄭有

69　嚴元照：《爾雅匡名》，《清經解續編》第 2 冊，第 1172 頁。

70　強運開：《説文古籀三補》，中華書局 1986 年版，第 42 頁。段玉裁在《説文・它部》「它」篆下注云：「其字或叚『佗』為之，又俗作『他』。經典多作『它』，猶言彼也。」（《説文解字注》，第 678 頁）以為它、佗是通假字，誤。

71　王先謙：《詩三家義集疏》以顧野王所引為《魯詩》（第 223 頁）。

72　王先謙：《詩三家義集疏》卷三中《邶鄘衛柏舟第四・君子偕老》，第 223 頁。

73　《經典釋文》卷五《毛詩音義上・鄘柏舟第四・君子偕老》「玼」條，第 60 頁。

74　《説文解字》一篇上《玉部》，第 11 頁。

注，三章無注，或兩章皆作『瑳』。《內司服》注引『瑳兮瑳兮，其之翟也』，又引『瑳兮瑳兮，其之展也』可證。自淺人分別『玼』屬二章，『瑳』屬三章，畫為二字二義，又於《説文》增『瑳』為訓釋，今刪。」[75]段玉裁認為《毛詩》作「玼」，《説文》之「瑳」為後人所增。

盧文弨云：「玼、瑳蓋古今字。《周禮・內司服》音義：『玼，音此，劉倉我反，本亦作瑳。』陸據舊本以前後分之，非也。」[76]阮元云：「《正義》本標起止『玼兮』至『如帝』，後章『瑳兮』至『媛也』，與《釋文》本同。《周禮・內司服》釋文云：『玼，音此，劉倉我反，本亦作瑳。與下瑳字同倉我反。』此玼、瑳一字之證。」[77]是其説與盧文弨同，以玼、瑳為一字。《周禮・天官・內司服》鄭玄注引《詩》曰：「玼兮玼兮，其之翟也。」[78]《釋文》云：「玼，音此，劉倉我反。本亦作瑳，與下『瑳』字同倉我反。」[79]阮元《周禮校勘記》云：「玼、瑳聲相近，《説文》：『瑳，玉色鮮白。』『玼，玉色鮮也。』義亦同。然一書之中，不當玼、瑳錯出，《毛詩》『瑳兮』下傳、箋、王肅皆無説，明與前章同作『玼』也。此注『玼』亦作『瑳』，劉昌宗音『倉我反』，蓋《毛詩》前後皆作『玼』，《禮注》據《魯》、《韓》詩前後皆作『瑳』。今本合併合（疑「為」之誤）一，以前後區別之，非也。」[80]認為《毛詩》作「玼」，《魯詩》或《韓詩》作「瑳」。

75　《説文解字注》一篇上《玉部》，第 15 頁。

76　盧文弨：《經典釋文考證》第 1 冊，商務印書館 1935 年版，第 76 頁。

77　阮元：《毛詩校勘記》，阮元編：《清經解》第 5 冊，上海書店 1988 年版，第 366 頁。

78　《周禮注疏》，阮元編：《十三經注疏》，中華書局 1980 年版，第 691 頁。

79　《經典釋文》卷八《周禮音義上・天官・內司服》「玼」條，第 113 頁。

80　阮元：《周禮校勘記》，阮元編：《清經解》第 5 冊，上海書店 1988 年版，第 464 頁。

　　王筠、馬瑞辰、孫詒讓皆贊同阮元之説[81]。

　　以上諸家，均不贊成段玉裁刪去「瑳」篆之舉，但大家認為《毛詩》作「玼」之論則與段氏相同。

　　鈕樹玉《段氏説文注訂》云：「《玉篇》：『瑳，且我切，玉色鮮白也。』引《詩傳》曰：『瑳，巧笑貌，又七河切。』《廣韻》收平上二聲。蓋『瑳』字婁見之字，是以毛、鄭不釋。陸氏《釋文》云：『舊本皆前作玼，後作瑳字。』《詩・淇奧》『如切如瑳』，《論語》、《大學》、《爾雅》並同。《繫傳》偶脱『瑳』，因而致疑，過矣。《詩》釋文『玼』引沈云：『王肅本或作瑳。』則『玼』或可疑，『瑳』不可刪。」[82]

　　徐承慶《説文解字注匡謬》云：「《詩・君子偕老》毛傳『玼，鮮盛兒』，三章無注，至《鄭箋》並未及『玼』字之解，沈氏謂『本或作瑳，此是後文瑳兮，王肅有注』，陸元朗檢王肅本不如所言，『然舊本皆前作玼後作瑳』，不以為誤。《周禮・內司服》釋文云：『本亦作瑳，與下瑳字同。』是弟二章作『玼』，三章作『瑳』，非淺人畫為二字二義，《詩》、《禮》本或前後俱作『瑳』，無前後俱作『玼』者。且『瑳』字非止一義，《詩・竹竿》『巧笑之瑳』，《毛傳》：『瑳，巧笑。』《淇奧》『如切如瑳』，《唐石經》作『瑳』，後人磨改從石旁，其跡猶可辨識。《禮記・大學》釋文作『如瑳』，足證瑳、玼非一字，『瑳』為經典屢見之字，《説文》有此篆明矣。」[83]

81　王筠：《説文解字句讀》卷一《玉部》，第 10 頁；馬瑞辰：《毛詩傳箋通釋》卷五《鄘風・君子偕老》，第 172 頁；孫詒讓：《周禮正義》卷十五《天官・內司服》、卷十六《天官・追師》，中華書局 1987 年版，第 585、616 頁。

82　（清）鈕樹玉：《段氏説文注訂》，《續修四庫全書》第 2B 冊，上海古籍出版社 1995 年版，第 2 頁。

83　（清）徐承慶：《説文解字注匡謬》，《續修四庫全書》第 214 冊，上海古籍出版社 1995 年版，第 330 頁。

　　鈕、徐二人認為，《君子偕老》第二章有「玼兮玼兮，其之翟也」句，第三章有「瑳兮瑳兮，其之展也」句。王肅言第二章「玼兮玼兮」，或本有作「瑳」者。《周禮·天官·內司服》鄭玄注引「玼兮玼兮」句，《釋文》言有作「瑳」之本。從這些情況看，只有第二章「玼兮玼兮」作「瑳兮瑳兮」之本，而沒有第三章「瑳兮瑳兮」作「玼兮玼兮」之本。所以，他們認為《毛詩》二、三兩章均作「玼」的説法是可疑的，懷疑二、三章可能皆作「瑳」。

　　寫卷第六十三行出「瑳」條，其下有「鬒髮」、「屑」、「髢髢」條，可知其所據本《毛詩》乃作「瑳兮瑳兮，其之翟也」，而且下不為「玼」注音，故知第三章作「瑳兮瑳兮，其之展也」，前後兩章均作「瑳」，而不作「玼」，正與鈕、徐二人之分析相合。P.2529《毛詩》寫卷第二、三兩章亦皆作「瑳兮瑳兮」，與《毛詩音》寫卷所據本同，足證《毛詩》原本二、三兩章均作「瑳兮瑳兮」，其第二章作「玼兮玼兮」者，後人所改也。

　　9.《衛風·淇奧》「有匪君子，如切如磋，如琢如磨」。

　　阮元云：「小字本、相臺本『磋』作『瑳』。……考《五經文字》『磋，治也』，在石部；『瑳，玉色鮮』，在玉部。是唐人有以此字從石與『瑳兮瑳兮』字別者。《説文》有『瑳』無『磋』，『磋』本『瑳』之俗字耳。此經及傳並《小雅·谷風》、《大雅·卷阿、桑柔》箋皆當本是『瑳』字。《周禮》、《禮記》二釋文亦作『瑳』。」[84]

　　案：《爾雅·釋器》：「骨謂之切，象謂之磋，玉謂之琢，石謂之磨。」[85]郝懿行《爾雅義疏》云：「《論衡·量知篇》作『象曰瑳』，《説

84　阮元：《毛詩校勘記》，《清經解》第 5 冊，第 368 頁。

85　《爾雅注疏》，阮元編：《十三經注疏》，中華書局 1980 年版，第 2600 頁。

文》：『瑳，玉色鮮白。』蓋治象齒令其鮮白如玉。上云『象謂之鵠』，亦訓為白，是《爾雅》『磋』字當依《論衡》作『瑳』矣。」[86]《經典釋文·禮記音義·大學》「如摩」條下注：「《爾雅》云：『骨曰切，象曰瑳，玉曰琢，石曰磨。』」[87]亦作「瑳」，與《論衡》同。嚴元照《爾雅匡名》云：「『磋』當從玉作『瑳』。」[88]鈕樹玉《段氏説文注訂》云：「《詩·淇奧》『如切如瑳』，或作『磋』，非。」[89]

　　寫卷第七十二行出「瑳」字，正存《毛詩》本字。馮登府《三家詩異文疏證》認為《毛詩》作「磋」，並云：「瑳、磋亦通字。《説苑·達本》引作『瑳』，當是《魯詩》。《荀子·大略》、《眾經音義》引竝作『瑳』。」[90]誤也。

　　10.《淇奧》「會弁如星」《鄭箋》「皪皪而處，狀似星也」。

　　《釋文》：「皪皪，本又作礫，音歷，又音洛。」[91]

　　案：《説文》無「皪」字。王鳴盛《蛾術編》卷十九《説字五》「塼字注舞也從士尊聲」條下迮鶴壽按：「玓，從玉，勺聲；瓅，從玉，樂聲，俗作的皪，皆非。」[92]《説文·玉部》云：「玓，玓瓅，明珠色。」「瓅，玓瓅。」[93]《史記·司馬相如列傳·上林賦》：「明月珠子，玓瓅

86　郝懿行：《爾雅義疏》卷中之二《釋器》，第698頁。

87　《經典釋文》卷十四《禮記音義之四·大學》「如摩」條，第216頁。

88　嚴元照：《爾雅匡名》，《清經解續編》第2冊，第1181頁。

89　鈕樹玉：《段氏説文注訂》，《續修四庫全書》第213冊，第2頁。

90　馮登府：《三家詩異文疏證》，《清經解》第7冊，第994頁。

91　《經典釋文》卷五《毛詩音義上·衛淇奧第五·淇奧》「皪皪」條，第61頁。

92　（清）王鳴盛：《蛾術編》卷十九《説字五》「塼字注舞也從士尊聲」條，商務印書館1958年版，第297頁。

93　《説文解字》一篇上《玉部》，第13頁。

江靡。」[94]《漢書·司馬相如傳》作「的皪」[95]，《文選》卷八司馬相如《上林賦》與《漢書》同，李善注：「《説文》曰：『玓瓅，明珠光也。』『玓瓅』與『的皪』音義同。」[96]薛傳均《文選古字通疏證》云：「《説文》『瓅』字下云：『小石也。』與明珠光之訓不同，特以『瓅』與『皪』皆從樂字得聲，故得通用，至於『的皪』二字，《説文》皆無，則俗字耳。」[97]楊樹達《漢書窺管》云：「的皪本字當為玓瓅。」[98]寫卷第七十三行出「瓅」字，乃《鄭箋》之本字。

11.《中谷有蓷》「中谷有蓷，暵其乾矣」《毛傳》「蓷，鵻也」。

案：《説文·艸部》：「蓷，萑也。」[99]《爾雅·釋草》：「萑，蓷。」[100]均與《毛傳》不同。桂馥《説文解字義證》云：「《六經正誤》：『《詩·中谷有蓷》毛傳「蓷，鵻也」。鵻即萑字借用也。』馥案：《詩·大車》釋文『鵻，本亦作萑』，是『萑』多借『鵻』。」[101]嚴元照《爾雅匡名》云：「以鵻代萑，蓋假借字。」[102]

徐灝《説文解字注箋》認為「雛」篆乃「鵻」篆之誤[103]，張舜徽從

94　《史記》卷一百十七《司馬相如列傳第五十七》，第 3017 頁。

95　《漢書》卷五十七上《《司馬相如傳第二十七上》，第 2548 頁。

96　《文選》卷八《上林賦》，第 124 頁。

97　(清)薛傳均：《文選古字通疏證》第二卷，《益雅堂叢書》，光緒十五年（1889）文選樓刊本，第 14B 頁。

98　楊樹達：《漢書窺管》卷六，第 444 頁。

99　《説文解字》一篇下《艸部》，第 17 頁。

100　《爾雅注疏》，阮元編《十三經注疏》，中華書局 1980 年版，第 2626 頁。

101　桂馥：《説文解字義證》卷三《艸部》，第 62 頁。

102　嚴元照：《爾雅匡名》，《清經解續編》第 2 冊，第 1194 頁。

103　徐灝：《説文解字注箋》，《續修四庫全書》第 225 冊，第 414 頁

之[104]。馬敘倫《説文解字六書疏證》云:「蓋或『雛』字出《字林》。」[105]
則疑此字出於《字林》也。據諸家之説,知毛公釋《詩》時,尚無「雛」
字。寫卷第九十行出「萑」字,是其所據本不作「雛」也。《釋文》云:
「雛,音佳。《爾雅》又作『萑』,音同。」[106]則陸氏所見本無作「萑」
者,寫卷可補陸氏之未備。

　　《説文·艸部》:「萑,萑也。」「萑,艸多兒。」[107]段玉裁改「萑」
字説解「萑」為「佳」[108]。承培元云:「《毛傳》『萑,雛也』,鄦當與
毛同。今作『萑』者,鄦蓋淆『雛』為『佳』,而後人加艸,其誤與《爾
雅》同。萑艸名,佳者以其華與夫不鳥羽同飾也。至萑,鄦訓艸多
兒,非萑名也。」[109]嚴章福云:「《四牡》釋文:『雛,本又作佳。』《釋
鳥》釋文:『佳,旁或加鳥,非也。』據此知《説文》無『雛』,即『佳』
字。」[110]其説皆與段氏同,認為「萑」當作「佳」。

　　徐灝則不贊成段説:「段以《繫傳》本萑、萑二篆不相屬,遂徑改
為『佳』,殊武斷。」並云:「依全書通例,當云『萑也。一曰:艸多
兒』。」[111]張舜徽贊同其説[112]。

　　案徐氏所謂「全書通例」,即《説文》互訓之法,如《艸部》:「茅,

104 張舜徽:《説文解字約注》上冊第七卷,中州書畫社,頁65。

105 馬敘倫:《説文解字六書疏證》卷七,第133頁。

106 《經典釋文》卷五《毛詩音義上·王黍離第六·中谷有萑》「雛」條,第63頁。

107 《説文解字》一篇下《艸部》,第17頁。

108 《説文解字注》一篇下《艸部》,第28頁。

109 (清)承培元:《説文引經證例》,《續修四庫全書》第222冊,上海古籍出版社1995
年版,第56頁。

110 (清)嚴章福:《説文校議議》,《續修四庫全書》第214冊,上海古籍出版社1995
年版,第50頁。

111 徐灝:《説文解字注箋》,《續修四庫全書》第225冊,第178頁。

112 張舜徽:《説文解字約注》卷二,第40B頁。

菅也。」「菅，茅也。」[113]《口部》：「呻，吟也。」「吟，呻也。」[114]皆兩篆前後相比次。徐灝以《説文》通例為説，當是。「雖」字從鳥從隹，隹亦鳥也，疊床架屋，不合造字規律。《説文・隹部》：「隹，鳥之短尾總名也。」[115]《爾雅・釋草》「蓷，萑」郭璞注：「今茺蔚也。葉似荏，方莖，白華，華生節間。又名益母。」[116]一為鳥名，一為植物名，應以作「萑」為是。寫卷作「萑」，《毛傳》之本字也。

王筠認為「蓷」字説解「萑」當作「雖」[117]，誤也。

12.《鄭風・清人》「二矛重喬」《毛傳》「重喬，累荷也」。

《釋文》：「荷，舊音何，謂刻矛頭為荷葉相重累也。沈胡可反，謂兩矛之飾相負荷也。」[118]

孔穎達云：「《候人》傳曰：『荷，揭也。』謂此二矛，刃有高下，重累而相負揭。」陳奐云：「荷當作何。」[119]馬瑞辰云：「《釋文》引舊説，以傳重荷之荷為荷葉，亦非。」[120]案《釋文》所引舊説因《傳》文作「荷」而訓為「荷葉」，不知此字本作「何」，沈重釋為「兩矛之飾相負荷也」者，讀「荷」為「何」也。《説文・人部》「何，儋也」段玉裁注：「何，俗作『荷』。……凡經典作『荷』者，皆後人所篡改。」[121]寫卷第一百行出「累何」二字，「何」字正《毛傳》之本字。平山改作

113　《説文解字》一篇下《艸部》，第17頁。

114　《説文解字》二篇上《口部》，第34頁。

115　《説文解字》四篇上《隹部》，第76頁。

116　《爾雅注疏》，阮元編《十三經注疏》，中華書局1980年版，第2626頁。

117　《説文解字句讀》卷二《艸部》，第22頁。

118　《經典釋文》卷五《毛詩音義上・鄭風・清人》「累荷」條，第64頁。

119　陳奐：《詩毛氏傳疏》卷七《鄭緇衣詁訓傳・清人》，第11A頁。

120　《毛詩傳箋通釋》卷八《鄭風・清人》，第260頁。

121　《説文解字注》八篇上《人部》，第371頁。

「荷」，校云：「原作『何』，當誤。」[122]此以不誤為誤也。

　　13.《鄭風・蘀兮》「蘀兮蘀兮」《毛傳》「蘀，槁也」。

　　《釋文》：「槁，苦老反。」[123]

　　案：《說文》無「槁」字，《木部》：「槀，木枯也。」[124]段玉裁注：「枯槀、禾槀字古皆『高』在上，今字『高』在右，非也。」[125]邵瑛云：「《易・說卦傳》『離為科上槁』，《孟子・梁惠王》『則苗槁矣』，《公孫丑》『苗則槁矣』，《詩・蘀兮》毛傳『蘀，槁也』，《鄭箋》『槁謂木葉也』，《五經文字》作『槀』，是諸經『槁』字舊固作『槀』也。」[126]寫卷第一百零六行出「槀」，存本字也。平山改「槀」作「槁」，校云：「原似『槀』」[127]。案：平山誤也。

　　　　　　　　　　　　　　（原載《敦煌學輯刊》2007 年第 3 期）

122　平山久雄：《敦煌毛詩音殘卷反切の研究（上）》，《北海道大學文學部紀要》第 14 號第 3 分冊，1966 年 3 月。

123　《經典釋文》卷五《毛詩音義上・鄭風・蘀兮》「槁」條，第 65 頁。

124　《說文解字》六篇上《木部》，第 119 頁。

125　《說文解字注》六篇上《木部》，第 252 頁。

126　邵瑛：《說文解字群經正字》，《：續修四庫全書》第 211 冊，第 158 頁。

127　平山久雄：《敦煌毛詩音殘卷反切の研究（上）》，《北海道大學文學部紀要》第 14 號第 3 分冊，1966 年 3 月。

從敦煌寫本《禮記音》殘卷
看六朝時鄭玄《禮記注》的版本

一、前言

　　《禮記》有《大戴禮記》與《小戴禮記》之別，由於漢末大儒鄭玄為《小戴禮記》作注，使它逐漸擺脫附麗於《儀禮》的地位而廣泛流傳，乃至專有《禮記》之名。至唐更由傳而升經，孔穎達奉詔撰《五經正義》，其中《禮記正義》即宗鄭注《小戴禮記》。

　　《後漢書‧鄭玄傳》云：

　　玄自遊學，十餘年乃歸鄉里。家貧，客耕東萊，學徒相隨已數百千人。……時年六十，弟子河內趙商等自遠方至者數千。……其年六月卒，年七十四。遺令薄葬。自郡守以下嘗受業者，縗絰赴會千餘

人。[1]

　　鄭氏之學在魏晉南北朝時期，備受重視，傳承不絕，其詳請參張舜徽《鄭學傳述考》[2]。

　　晉元帝時，鄭注《禮記》立於學官，取得獨尊地位。《晉書・荀崧傳》云：

　　置《周易》王氏、《尚書》鄭氏、《古文尚書》孔氏、《毛詩》鄭氏、《周官》《禮記》鄭氏、《春秋左傳》杜氏服氏、《論語》《孝經》鄭氏博士各一人，凡九人，其《儀禮》、《公羊》、《穀梁》及鄭《易》皆省不置。[3]

　　鄭玄《禮記注》經過三國兩晉南北朝數百年的流傳，到陸德明作《經典釋文》時，已有眾多異本，故陸氏在文中以「本亦作」（如《曲禮上》「有害」條云：「本亦作難。」）[4]、「本又作」（如《檀弓下》「越疆」條云：「本又作壇。」〔中冊，頁669〕）、「一本作」（如《曾子問》「士則朋友」條云：「一本作士則朋友奠。」〔中冊，頁706〕）、「本或作」（如《檀弓下》「歎吟」條云：「本或作唫。」〔中冊，頁672〕）等術語記錄異文，我們可藉以窺六朝時《禮記注》版本之一斑[5]。

1　范曄：《後漢書》卷三十五《鄭玄傳》，第1207、1208、1211頁。

2　張舜徽：《鄭學傳述考》，《鄭學叢著》，齊魯書社1984年版，第161-180頁。

3　《晉書》卷七十五《荀崧傳》，第1976-1977頁。

4　陸德明：《經典釋文》，上海古籍出版社1985年版，第636頁。本文中凡引《經典釋文》（簡稱《釋文》）而非特別注明者皆據此本，均隨文括注頁碼。

5　版本的含義有狹義與廣義之別，狹義的是指雕版印刷本，廣的則包括寫本（簡帛與卷子本）、影印本、石印本甚至排印本等。本文取廣義。

　　S.2053VA 唐寫本《禮記音》，殘存《樂記》第十九至《緇衣》第三
十三，與《經典釋文・禮記音義》相同，亦是對鄭玄《禮記注》所作
的注音，摘字為音，共有一千六百五十四個條目[6]。該卷雖為唐抄本[7]，
但其著作時代卻在南北朝時，是撰成於《經典釋文》以前的一種音義
著作[8]，可說是迄今所見最早的鄭玄《禮記注》的注本（注音本，有音
無義），其據以作音之底本無疑是六朝時的鄭玄《禮記注》版本。本文
擬從此一角度稍作考察，以探求其特點及價值。

　　要考察寫卷的版本情況，捨異文對勘別無他途。鄭玄《禮記注》
流傳至今已千有餘年，其版本無慮數百。僅王鍔《三禮研究論著提要》
中所列即達一百三十三種（包括白文本、經注本、正義本）[9]，若要全
部取以對勘，不僅不可能，也無此必要。故本文僅取今所見最早的《禮
記》經、注合刻本——宋淳熙四年（1177）撫州公使庫刻本（後簡稱
「撫本」）與寫卷對勘，間亦以《唐石經》（今所見最早的完整的單經
本，此據北京中華書局 1997 年影印民國十五年皕忍堂《景刊唐開成石
經》）、八行本（南宋紹熙三年〔1192〕兩浙東路茶鹽司刻宋元遞修本，
是目前所知最早的《禮記》經、注、疏合刊本。此據 1927 年潘宗周影
刻本）參證。成書於北周的陸德明《經典釋文》所據鄭玄《禮記注》

6　指可以辯識出詞目或據音注能推知詞目的，絕大多數的注音條目是一字一音，一字兩
　　音者三十一條，一字三音者一條，一字四音者一條。

7　〔日〕大島正二：《敦煌出土禮記音殘卷について》，《東方學》第 52 輯，1976 年 7
　　月；王重民：《敦煌古籍敘錄》，第 48 頁；王松木：《試論敦煌寫本禮記音與徐邈音
　　的同異關係》，敦煌學研究會編《敦煌學》第 21 輯，1998 年 6 月，第 73 頁。

8　許建平：《唐寫本〈禮記音〉著作時代考》，《中國典籍與文化論叢》第 3 輯，中華書
　　局 1995 年版。

9　王鍔：《三禮研究論著提要》（增訂本），甘肅教育出版社 2007 年版，第 232-277 頁。

無疑是六朝版本[10]，與《禮記音》成書時代相近，而且其書多採六朝《禮記》及鄭注異本，故亦取以作為對勘之本，版本採用上海古籍出版社一九八五年影印的北京圖書館藏宋刻宋元遞修本。

以寫卷與撫本、《釋文》對勘，其異文滋夥，其要者可分為三類：寫卷與撫本不同、寫卷與撫本不同而與《釋文》或《釋文》所引別本相同、寫卷有而撫本無。其中第一類「寫卷與撫本不同」又可析為六種情況：寫卷為錯字、撫本為錯字、異體字關係、古今字關係、通假字關係、同義字關係。將此異文情況作一通盤之考察，可藉以探究《禮記音》寫本所據以作注之鄭玄《禮記注》底本與傳世《禮記注》的版本差異，從而可了解六朝時鄭玄《禮記注》的部分面貌，並獲知其價值所在。為免煩瑣，對每種異文情況，只列舉兩條例子，以能説明問題為原則。寫卷內容與撫本、《釋文》均相同者，不再舉例。

二、寫卷與撫本不同

寫卷所出詞目與撫本內容不同者甚夥，今分為六類，分別述之。

（一）寫卷為錯字

敦煌寫卷中的四部典籍，大多為學子所抄，所以有不少寫卷，書法拙劣，訛誤盈紙。《禮記音》寫卷當亦學子抄錄以備學習者，誤字極多。寫卷之誤字皆為形誤，今略舉數例，以見一斑。

(1) 二十一行　晏 烏諫　卒 子恤　嬰 伊營　虗 倉姑　襄 七雷　苴 七餘

此處《雜記上》「大夫為其父母兄弟之未為大夫者之喪，服如士

10　關於《經典釋文》的成書時間，主要有北周、唐初、隋唐間三説（見萬獻初《〈經典釋文〉研究綜論》，《古籍整理研究學刊》2005 年第 1 期），這裡取北周説。

服，士為其父母兄弟之為大夫者之喪，服如士服」鄭注引《春秋傳》
有「齊晏桓子卒，晏嬰麤衰斬」句（卷十二，第 2B 頁），《釋文》出
「衰」字，音「七雷反」（第 779 頁），正與寫卷「褻」之切語同。《左
傳・襄公十七年》云：「齊晏桓子卒，晏嬰麤縗斬。」[11]《釋文》云：
「衰，七雷反。本又作縗，同。」（第 1025 頁）衰、縗古今字，徐灝《説
文解字注箋》云：「衰本象艸雨衣之形，假借為衰絰字，而艸雨衣加
『艸』作『蓑』；其後衰絰字又加『糸』作『縗』，此續出之異文。段謂
衰絰字本作『縗』，非也。」[12]「褻」乃「衰」之形誤字。第二十四、
三十九、四十六、七十一、一百七十二行諸「衰」字寫卷均誤作「褻」。

(2) 二十二行　喪蘊郎　屨己具　緇側基

「屨」無「己具」之音，此處《雜記上》有「大夫卜宅與葬日，有
司麻衣、布衰、布帶，因喪屨，緇布冠不蕤」句（卷十二，第 3A 頁），
案前「大夫為其父母兄弟之未為大夫者之喪」鄭注引《春秋傳》「杖，
菅屨」句（卷十二，第 2B 頁），《釋文》：「屨，九具反。」（第 779 頁）
「九具反」與此「己具」之音同，據此知「屨」乃「因喪屨」之「屨」
的誤字。

此等形誤字皆轉輾傳抄而致誤者，對我們的研究工作來説並沒有
什麼價值。但也有一些形誤字，卻可以幫助我們推斷《禮記音》所據
底本的原貌，如：

(1) 四十二行　冒莫報　奔邑揜　遣去戰　苞甫交
此處《雜記下》有這麼一段文字：

11　《春秋左傳正義》卷三十三《襄公十七年》，第 575 頁

12　徐灝：《説文解字注箋》卷八上《衣部》「衰」條，《續修四庫全書》第 226 冊，第
　　171 頁。

冒者何也？所以撐形也。自襲以至小斂，不設冒則形，是以襲而后設冒也。或問於曾子曰：「夫既遣而苞其餘，猶既食而裹其餘與？君子既食則裹其餘乎？」（卷十二，第 14B 頁）

「冒」、「遣」二字均見於此段文字中，「苞」、「包」古多通用，此不具論。然經不見「奔」字，且「邑撿」亦非「奔」之音。《釋文》出「搶形」二字，注云：「於險反。」（第 785 頁）「於」「邑」皆影紐字，「撐」、「撿」《廣韻》均在上聲琰韻（通志堂本《經典釋文》作「於撿反」[13]，切下字與寫卷同），是「於險」、「邑撿」同音。《雜記下》「晏平仲祀其先人，豚肩不撿豆」（卷十二，第 19B 頁），《釋文》出「不弇」二字，注云：「於檢反，本亦作撿。」（第 786 頁）《大戴禮記・子張問入官》：「紘綖塞耳，所以撐聰也。」[14]《孔子家語・人官》云：「紘綖充耳，所以撐聰也。」[15]「弇」「撐」古今字[16]，故多混用。此「奔」字應是「弇」之形誤，《釋文》及撫本作「撿」（《唐石經》、八行本同），用今字也；寫卷作「弇」者，用古字。

(2) 一百二十六行　屬之欲　比扶至　過顓踰　詿文匶[17]　奢傷耶

此處《經解》有「屬辭比事，《春秋》教也。故《詩》之失愚，《書》之失誣，《樂》之失奢」句（卷十五，第 1A 頁），「屬，」、「比」、「詿」、「奢」均見於此段文字中，唯「過」字不見。《莊子・則陽》「匪

13　《經典釋文》卷十三《禮記音義之三・雜記下第二十一》「撐形」條，第 200 頁。

14　（清）王聘珍著，王文錦點校：《大戴禮記解詁》卷八《子張問入官第六十五》，中華書局 1983 年版，第 141 頁。

15　（魏）王肅注，張縣固標點：《孔子家語・入官第二十一》，第 105 頁。

16　商承祚：《說文中之古文考》，上海古籍出版社 1983 年版，第 20 頁。

17　「詿」為「誣」之俗字，見（遼）釋行均《龍龕手鏡》平聲卷一《言部第三》，第 41 頁。

為物而愚不識，大為難而罪不敢」[18]，《釋文》出「為物而愚」四字，注云：「一本作遇。」（第 1550 頁）俞樾《諸子平議》云：

> 《釋文》曰：「愚，一本作遇。」「遇」疑「過」字之誤。《廣雅·釋詁》曰：「過，責也。」因其不識而責之，是謂過不識。《呂氏春秋·適威篇》曰：「煩為教而過不識，數為令而非不從，巨為危而罪不敢，重為任而罰不勝。」與此文義相似，而正作「過不識」。高誘注訓過為責，可據以訂此文之誤。「過」誤為「遇」，又臆改為「愚」耳。」[19]

郭慶藩《莊子集釋》云：

> 「愚」與「遇」古通。《晏子春秋·外篇》「盛為聲樂以淫愚民」，《墨子·非儒篇》「愚」作「遇」。《韓子·南面篇》「愚贛窳惰之民」，宋乾道本「愚」作「遇」，《秦策》「愚惑與罪人同心」，姚本「愚」作「遇」。曩謂當從《釋文》作「遇」之義為長，今案俞氏以為「過」字之誤，其說更精。過、遇二字，古多互譌。本書《漁父篇》「今者丘得過也」，《釋文》：「過，或作遇。」《讓王篇》「君過而遺先生食」，《釋文》：「過，本亦作遇。」是二字形似互誤之證。[20]

寫卷切語「顒踰」可切「遇」字，是「過」應是「遇」之誤（第 54 行「過」字亦「遇」之誤，乃《雜記下》「管仲遇盜」句中文），而「遇」字常與「愚」通用（例已見前所引郭氏《莊子集釋》），故《禮

18　郭慶藩：《莊子集釋》卷八下《則陽第二十五》，第 902 頁。

19　（清）俞樾：《諸子平議》卷十九《莊子三》，中華書局 1954 年版，第 375 頁。

20　郭慶藩：《莊子集釋》卷八下《則陽第二十五》，第 903-904 頁。

記音》寫作「遇」也。

（二）撫本為錯字

雖然寫卷訛誤盈目，但由於它抄成於唐代，而且其所據《禮記注》是六朝本，故有可糾傳本《禮記》之誤者。如：

(1) 十六行　鈇方□　鉞屻□　齊在詣　贛古弄[21]

此處《樂記》云：「軍、旅、鈇、鉞者，先王之所以飾怒也。故先王之喜怒，皆得其儕焉。喜則天下和之，怒則暴亂者畏之。先王之道，禮樂可謂盛矣。子贛見師乙而問焉，曰：『賜聞聲歌各有宜也，如賜者宜何歌也？』」（卷十一，第 26A 頁）

《釋文》出「其儕」二字（第 778 頁），與撫本同，《唐石經》、八行本亦同。王引之《經義述聞》云：

「儕」當讀為「齊」。《爾雅》：「齊，中也。」《小雅‧小宛傳》曰：「齊，正也。」當喜而喜，當怒而怒，則得其中正矣。故曰「先王之喜怒，皆得其齊焉」。《管子‧正世篇》「事莫急於當務，治莫貴於得齊」，亦謂得其中正也。齊，正字也；儕，借字也。鄭據借字解為輩類，失之。當喜而喜，當怒而怒，何儕輩之有乎？《荀子‧樂論》、《史記‧樂書》正作「齊」。[22]

王夢鷗《禮記校證》、林平和《禮記鄭注音讀與釋義之商榷》亦認為「儕」為「齊」之誤[23]。

21　「贛」字寫卷原作「韻」，誤字，今據其反切及撫本改正。

22　王引之：《經義述聞》卷十五《禮記中》「得其儕」條，第 372 頁。

23　王夢鷗：《禮記校證》，藝文印書館 1976 年版，第 296 頁；林平和：《禮記鄭注音讀與釋義之商榷》，文史哲出版社 1981 年版，第 125 頁。

　　鄭注：「僑猶輩類。」段玉裁在《説文》「讎」篆下注云：「凡漢人作注云『猶』者，皆義隔而通之。如《公》《穀》皆云『孫猶孫也』，謂此子孫字同孫遁之『孫』；《鄭風傳》『漂猶吹也』，謂漂本訓浮，因吹而浮，故同首章之『吹』。凡鄭君、高誘等每言『猶』者，皆同此。」[24] 張舜徽云：「據本義不能明其意者，常取義之近者比況言之，則曰『某猶某也』。」[25]《説文解字・人部》云：「僑，等輩也。」[26]「等輩」、「輩類」皆同義連文，「僑」訓等輩乃常義，鄭玄不必用「猶」字。《禮記》原文當是作「齊」，鄭玄以「齊」為「僑」之假借，讀「齊」為「僑」，故云「猶輩類」。撫本等作「僑」者，乃後人據鄭注改經也。寫卷以「在詣」切「齊」，正讀作「齊」而不讀作「僑」也。

　　(2) 七十行　拾其劫　罷房悲　倦床捩　爨七亂[27]　魁九於反，注音　袡章棄　沸方味　沃烏酷

　　此處《喪大記》云：「弔者襲裘，加武帶経，與主人拾踴。君喪，虞人出木、角，狄人出壺，雍人出鼎，司馬縣之。乃官代哭。」代，更也。未殯，哭不絕聲，為其罷倦，既小斂可以為漏刻，分時而更哭也。木，給爨。角，以為斛水斗。壺，漏水之器也。冬漏以火爨鼎，沸而後沃之。（卷十三，第4A頁）

　　「魁」字右半為「斗」字手寫變體，左半中從二目，應是「奭」之訛變，古從「大」構形之字有寫作從「六」形者，如「爽」寫作「㸒」、「奭」寫作「奰」[28]，下部「大」字寫卷轉又訛作「女」也。《説文・斗

24　《説文解字注》三篇上《言部》，第90頁。

25　張舜徽：《鄭氏經注釋例》，《鄭學叢著》，齊魯書社1984年版，第85頁。

26　《説文解字》八篇上《人部》，第164頁。

27　「爨」字寫卷原作「燰」，誤字，今據其反切及撫本改正。

28　秦公輯：《碑別字新編》，第174、315頁。

部》：「斞，挹也。從斗臾聲。」[29]徐灝《說文解字注箋》云：「『臾』
從二目，今書傳多訛為『臾』，蓋世俗多見『臾』少見『臾』耳。」[30]
寫卷所據之底本原應作「斞」，正與《說文》同。其作「斛」者，手寫
輾轉而訛變也。撫本「斞水斗」之「斞」，正徐灝所謂訛「臾」為「臾」
者也。「斞」字應是「斞」之形誤。

（三）寫卷與撫本為異體字的關係

異體字就是兩個意義與聲音完全相同的字，只是由於造字方法不
同，才出現了不同的形體。清人往往以《說文》所載的為正字，而將
不見於《說文》的字作為後起別體或俗體[31]。雖然這種做法不免存在武
斷之處，隨著出土文獻中的先秦兩漢材料的大量發現，我們也發現了
不少《說文》未載之字。但有一個標準總比沒有標準要強，我們在沒
有其他文字資料證明的情況下，還是不得不用《說文》作為標準以區
別正體與別體。

1. 寫卷為正體，撫本為後起別體

(1) 八行　憲軒　蓍□□　□直良

《樂記》有一段孔子與賓牟賈的問答：

（孔子曰）：「《武》坐，致右憲左，何也？」對曰：「非《武》坐
也。」「聲淫及商，何也？」對曰：「非《武》音也。」子曰：「若非《武》
音，則何音也？」對曰：「有司失其傳也。若非有司失其傳，則武王之
志荒矣。」有司，典樂者也。傳猶說也。荒，老耄也。言典樂者失其說也，而時

29　《說文解字》十四篇上《斗部》，第300頁。

30　徐灝：《說文解字注箋》卷十四上《斗部》，《續修四庫全書》第227冊，第75頁。

31　關於後起別體與俗體的區別，說法不一，其實只是由於各人所定的標準不同，遂有不
同的說法，在此不展開討論。

人妄說也。《書》曰：「王耄荒。」子曰：「唯。丘之聞諸萇弘，亦若吾子之言是也。」（卷十一，第 21B 頁）

　　「憲」為「致右憲左」之「憲」，切語「直良」應是「丘之聞諸萇弘」句之「萇」的音，《釋文》「萇，直良反」[32]，可以為證。「耄」字寫卷略模糊，然仍依稀可辨。《説文·老部》：「耄，年九十曰耄，從老從蒿省。」[33]《玉篇·老部》：「耄，莫報切，邁也。九十曰耄。耄，同上，亦作耄。」[34]「耄」亦寫作「耄」、「耄」也。鄭注有「荒，老耄也」句，寫卷「耄」字當是對應此「耄」字；《釋文》出「老旄」二字（第775 頁），「耄」字又寫作「旄」。鄭注所引《書》「王耄荒」句見於《尚書·呂刑》，《釋文》出「耄」字，云：「本亦作耄。」（第 197 頁）是「王耄荒」之「耄」有作「耄」之本。段玉裁《古文尚書撰異》云：「『耄』乃《説文》『耄』字之譌也。」[35]阮元《禮記校勘記》云：「依《説文》當作『耄』。[36]《釋文》所引別本《尚書》之『耄』乃『耄』之誤。邵瑛《説文解字群經正字》云：「今經典作『耄』，《説文》無『耄』字，正字當作『耄』，經典亦作『旄』。《禮記·射義》『旄期稱道不亂者』，《孟子·梁惠王》『反其旄倪』，皆假借字。」[37]王玉樹《説文拈字》云：

32　《經典釋文》卷十三《禮記音義之三·樂記第十九》「萇弘」條，第 197 頁。

33　《説文解字》八篇上《老部》，第 173 頁。

34　《宋本玉篇》卷十一《老部》，第 216-217 頁。

35　段玉裁：《古文尚書撰異》卷二十九《呂刑第二十九》，第 2029 頁。

36　（清）阮元：《禮記校勘記》，《清經解》第 5 冊，上海書店 1988 年版，第 739 頁。

37　（清）邵瑛：《説文解字群經正字》，《續修四庫全書》第 211 冊，上海古籍出版社1995 年版，第 224-225 頁。

「《大禹謨》、《微子》、《呂刑》諸『耄』字皆當作『薹』。」[38]是寫卷作「薹」為正體，撫本作「耄」乃後起字。

(2) 九十行 綍弗 碑悲

此處《喪大記》有「君葬用輴，四綍二碑」句，《釋文》出「四綍」二字，注云：「音弗。」（第795頁）其音與寫卷同。《左傳·昭公三十年》「先君有所助執紼矣」孔穎達《正義》引《喪大記》云：「君葬用四綍，大夫葬用二綍。」[39]《初學記》引《禮記》云：「君葬用輴，四綍二碑。」[40]皆與撫本、《釋文》同。然《左傳·宣公八年》「冬，葬敬嬴，旱無麻，始用葛茀」孔穎達《正義》引《喪大記》云：「君葬用四紼，大夫士葬用二紼。」[41]則作「紼」，與寫卷同。《說文·糸部》無「綍」字，雷濬《說文外編》謂「綍」即《說文》之「紼」字[42]。孛聲、弗聲段玉裁同在十五部，是「綍」為「紼」之改換聲旁的後起字。

2. 寫卷為後起別體，撫本為正體

(1) 五十六行 中丁仲 屋烏酷 刲苦圭 夾古協

此處《雜記下》云：「雍人舉羊升屋，自中，中屋南面刲羊，血流於前，乃降。門、夾室皆用雞，先門而後夾室。」（卷十二，第22A頁）《釋文》出「刲羊」二字，音「苦圭反」（第787頁）。《玉篇·刀部》：「刲，口圭切，屠也，刺也。刲，同上。」[43]《說文·刀部》有「刲」

---

38 （清）王玉樹：《說文拈字》，《四庫未收書輯刊》第9輯第2冊，北京出版社2000年版，第228頁。

39 《春秋左傳正義》卷五十三《昭公三十年》，第927頁。

40 （唐）徐堅等撰，司義祖點校：《初學記》卷十四《葬第九》，中華書局2004年版，第359頁。

41 《春秋左傳正義》卷二十二《宣公八年》，第379頁。

42 雷濬：《說文外編》卷六《經字·禮記》，第297頁。

43 《宋本玉篇》卷十七《刀部》，第319頁。

無「剗」，「剗」字始見於《玉篇》，乃後起字。

（2）七十五行　陶_{羊照}　鬲_歷　煮_{章與}[44]

此處《喪大記》有「陶人出重鬲。管人受沐，乃煮之」句（卷十三，第6B頁），《釋文》云：「鬲，音歷。」（第791頁）其音與寫卷同。《說文・鬲部》：「鬲，鼎屬，實五穀。斗二升曰㪷。象腹交文，三足。凡鬲之屬皆從鬲。䰞，鬲或從瓦。䰞，《漢令》鬲，從瓦厤聲。」[45]「鎘」字《集韻・錫韻》方始收入[46]，乃後起字，以瓦制則為「䰞」，以金制則為「鎘」也。

（四）寫卷與撫本為古今字的關係

洪成玉云：

古今字是漢字在發展中所產生的古今異字的現象。這種現象的產生，與漢字和漢語的關係密切相關。……隨著社會的發展，語言為了滿足交際的需要，原有的詞會引申出新的詞義，新的詞也會不斷的產生。詞義的引申，新詞的產生，必然會要求記錄詞的漢字也相應的發展變化。文字具有穩定性的特點。開始的時候，新的詞義或新的詞，往往由原有的字兼任。隨後，為了區別新舊詞義或新舊詞同時也是為了減輕原有漢字的負擔，就以原字的形體為基礎，或增加偏旁，或改變偏旁，另造一個新字。我們把這種文字現象稱為古今字。[47]

這段話將古今字的定義解釋得非常清楚。將寫卷與撫本對勘，我們發

44　「煮」字寫卷原誤作「暑」，今據其反切及撫本改正。

45　《說文解字》三篇下《鬲部》，第62頁。

46　丁度：《集韻》卷十《入聲下・二十三錫》，第752頁。

47　洪成玉：《古今字》，語文出版社1995年版，第1頁。

現存在著不少寫卷為古字而撫本為今字或寫卷為今字而撫本為古字的情況，今各舉兩例以明之。

1. 寫卷為古字，撫本為今字

(1) 六十六行　號胡到　卷居阮[48]

此處《喪大記》云：「北面三號。捲衣投於前，司命受之，降自西北榮。」(卷十三，第1B頁)《釋文》出「捲衣」二字，注云：「俱勉反，徐紀阮反。」(第789頁)「卷」、「捲」古今字[49]。

(2) 八十七行　錞堂臥，一都猥　敖五高　種之勇　筐去狂[50]

此處《喪大記》云：「大夫殯以幬，欑置於西序，塗不曁於棺。士殯見衽，塗上帷之。幬或作錞，或作埻。敖，君四種八筐，大夫三種六筐，士二種四筐，加魚臘焉。」（卷十三，第13B-14A頁）《釋文》出「敖」字，音「五羔反」（第794頁）。「羔」、「高」《廣韻》皆在平聲豪韻，是「五高」與「五羔」同音。高田忠周《古籀篇》云：「《禮記·內則》『淳敖』，古文唯當借敖字為之。《荀子·富國篇》『天下敖然，若燒若焦』，可證矣。」[51]高田謂「古文唯當借敖字為之」，其說與清人所謂「古文假借字」相同，實則古今字之別耳。

2. 寫卷為今字，撫本為古字

(1) 一百三十一行　怠唐改　敖五到　慢武諫　忓梧　愀在由，慈糺[52]

《哀公問》有以下一段文字：

48　切上字「居」寫卷原誤作「各」，今據第四十三、八十、一百六十二行諸「卷」字之音改正。

49　洪成玉：《古今字》，第41頁。

50　「筐」字寫卷原誤作「篋」，今據其反切及撫本改正。

51　〔日〕高田忠周：《古籀篇》卷十三，大通書局1982年版，第587頁。

52　「愀」字寫卷原誤作「楸」，今據其反切及撫本改正。

　　孔子曰：「今之君子好實無厭，淫德不倦，荒怠敖慢，固民是盡，午其眾以伐有道，求得當欲不以其所。昔之用民者由前，今之用民者由後，今之君子，莫為禮也。」孔子侍坐於哀公。哀公曰：「敢問人道誰為大？」孔子愀然作色而對曰：「君之及此言也，百姓之德也，固臣敢無辭而對？人道政為大。」（卷十三，第4B頁）

　　《大戴禮記・哀公問於孔子》：「忤其眾以伐有道，求得當欲不以其所。」[53]《孔子家語・問禮》：「以忤其眾，以伐有道，求得當欲不以其所。」[54]「午」字均作「忤」，與寫卷同。《釋文》出「午其」條（第808頁），則與撫本同，《唐石經》、八行本亦同。鄭注：「午其眾，逆其族類也。」朱廷獻《禮記異文集證》云：「依鄭注，蓋讀『午』為『忤』矣。」[55]案午、忤古今字，非通假字，雷濬《說文外編》云：「《說文》無『忤』字，《大戴禮・哀公問篇》『忤其眾以伐有道』，《小戴》作『午』。《說文》『午，牾也』，『牾，逆也』。『午』者『忤』之正字。」[56]

　　(2) 一百三十七行　開故窺　悌徒禮　　近相近之近

　　《孔子閒居》有以下一段文字：

　　孔子閒居，子夏侍。子夏曰：「敢問《詩》云『凱弟君子，民之父母』，何如斯可謂民之父母矣？」孔子曰：「夫民之父母乎，必達於禮樂之原，以致五至而行三無，以橫於天下。四方有敗，必先知之，此之謂民之父母矣。」……子夏曰：「『五至』既得而聞之矣，敢問何謂

53　王聘珍：《大戴禮記解詁》卷一《哀公問於孔子第四十一》，第13頁。

54　《孔子家語・問禮第六》，第20頁。

55　朱廷獻：《禮記異文集證》，臺北「國科委」研究報告1973年版。

56　雷濬：《說文外編》卷十二《俗字》，第351頁。

『三無』?」孔子曰:「無聲之樂,無體之禮,無服之喪,此之謂三無。」子夏曰:「『三無』既得略而聞之矣,敢問何詩近之?」(卷十五,第 12A-B 頁)

案子夏所引《詩》見《大雅‧泂酌》:「豈弟君子,民之父母。」「豈」、「凱」古今字[57]。《孝經‧廣至德章》(下冊,第 2557 頁)、《管子‧輕重丁》、《史記‧孝文本紀》引《詩》「弟」皆作「悌」[58],與寫卷同。《釋文》出「弟」字,注云:「本又作悌,徒禮反。」(第 810 頁)則《釋文》所據本與撫本同,而其所見別本則與寫卷同。《說文》有「弟」無「悌」,新附始有之,徐灝《說文解字注箋》云:「兄弟者,長幼之次弟也。『弟』有順遜義,故善事兄長為弟,又增作『悌』。」[59]是弟、悌為古今字。

(五)寫卷與撫本為通假字的關係

段玉裁云:

凡治經,經典多用叚借字,其本字多見於《說文》,學者必於《爾雅》、傳注得經義,必於《說文》得字義。既讀經注,復求之《說文》,則可知若為借字,若為本字,此治經之法也。[60]

57　黃侃:《說文段注小箋》,見黃侃箋識,黃焯編次:《說文箋識四種》,第 162 頁。

58　《孝經注疏》卷七《廣至德章第十三》,第 47 頁;(春秋)管仲著,馬非百詮釋:《管子輕重篇新詮》,中華書局 1979 年版,第 659 頁;《史記》卷十《孝文本紀第十》,第 428 頁。

59　徐灝:《說文解字注箋》卷五下《弟部》,《續修四庫全書》第 225 冊,第 566 頁。

60　(清)段玉裁:《經韻樓集》卷二「聘禮辭曰非禮也敢對曰非禮也敢」條,上海古籍出版社 2008 年版,第 30 頁。

　　通假字就是兩個音同或音近而意義沒有關係的字通用，但我們僅僅知道兩個字通假是遠遠不夠的，還得弄清楚何為正字，何為借字。而要做到這一點，就必須如段玉裁所說，求之於《說文》。

1. 寫卷為借字，撫本為正字

(1) 五十八行　姿將揖　盛常正

　　此處《雜記下》有「某不敏，不能從而共粢盛，使某也敢告於侍者」句（卷十二，第23A頁），《釋文》出「粢盛」二字（第788頁），與撫本同，《唐石經》、八行本亦同。《說文·女部》：「姿，態也。」[61]《禾部》：「𪓐，稷也。𪓐或從次作。」[62]段注：「今經典『粢』皆譌『粢』，而『𪓐』字且不見於經典矣。」[63]《玉篇·禾部》：「𪓐，黍稷在器曰𪓐。亦作粢。」[64]「姿」、「粢」二字《廣韻》均在小韻即夷切下，二字同音，「姿」為「粢」之借字。

(2) 一百二十二行　胞扶交[65]　狄唐歷　閽淳溫

　　此處《祭統》有「夫祭有畀煇、胞、翟、閽者，惠下之道也」句（卷十四，第25B頁），《釋文》出「翟」字，云：「音狄，樂吏也。」（第805頁）《說文·犬部》：「狄，赤狄，本犬種。」[66]《羽部》：「翟，山雉尾長者。」[67]鄭注云：「翟，謂教羽舞者也。」乃引申義。「狄」、「翟」二字《廣韻》均在小韻徒歷切下，二字同音，「狄」為「翟」之借字。

61　《說文解字》十二篇下《女部》，第263頁。

62　《說文解字》七篇上《禾部》，第144頁。

63　《說文解字注》七篇上《禾部》，第322頁。

64　《宋本玉篇》卷十五《禾部》，第287頁。

65　「胞」字寫卷原誤作「脆」，今據其反切及撫本改正。

66　《說文解字》十篇上《犬部》，第205頁。

67　《說文解字》四篇上《羽部》，第75頁。

2. 寫卷為正字，撫本為借字

(1) 九十八行　障之羊　洪胡攻　極強力

此處《祭法》有「舜勤眾事而野死，鯀鄣鴻水而殛死」句（卷十四，第 4B 頁），《釋文》出「鄣鴻」、「而殛」兩條（第 797 頁），與撫本同，與《唐石經》、八行本亦同。《說文・鳥部》：「鴻，鴻鵠也。」[68]《水部》：「洪，洚水也。」[69]《國語・魯語上》：「舜勤民事而野死，鯀鄣洪水而殛死。」[70]《論衡・祭意》：「舜勤民事而野死，鯀勤洪水而殛死。」[71]皆作「洪水」。「鴻」、「洪」二字《廣韻》均在小韻戶工切下，二字同音，「鴻」為「洪」之借字。《說文・歺部》「殛，殊也」段注：「《堯典》『殛鯀』，則為『極』之假借，非殊殺也。」[72]寫卷作「極」，即用正字。

(2) 一百二十七行　環故開[73]　珮房妹　瑲倉

此處《經解》「行步則有環珮之聲」鄭注引《玉藻》有「進則揖之，退則揚之，然後玉鏘鳴也」句（卷十五，第 2A 頁），「珮」為「佩」之後起別體，不煩贅語。《釋文》出「玉鎗」，注云：「七羊反，本又作鏘。」（第 807 頁）案《玉藻》云：「進則揖之，退則揚之，然後玉鏘鳴也。」（卷九，第 9A 頁）《釋文》出「玉鏘」（第 747 頁），正與陸氏於

68　《說文解字》四篇上《鳥部》，第 80 頁。

69　《說文解字》十一篇上《水部》，第 229 頁。

70　《國語》卷十七《魯語上》「展禽論祭爰居非政之宜」章，第 166 頁。

71　（漢）王充著，黃暉校釋：《論衡校釋》卷二十五《祭意篇》，中華書局 1990 年版，第 1065 頁。

72　《說文解字注》四篇下《歺部》，第 162 頁。

73　切下字「開」當是「開」之形誤，「開」為「關」之俗字，「環」、「關」《廣韻》同在平聲刪韻。

《經解》篇所引之別本同。《說文・玉部》:「瑲,玉聲也。」[74]《金部》:「鎗,鐘聲也。」[75]無「鏘」字。段玉裁於「瑲」篆下注:「《秦風》『佩玉將將』、《玉藻》『然後玉鏘鳴』皆當作此字。」[76]雷濬《說文外編》云:「《玉藻》『然後玉鏘鳴也』,其正字當作『瑲』。」[77]段、雷二氏以「鏘」之本字為「瑲」。然「鏘」從金旁,亦可謂「鎗」之替換聲旁的後起字,陳啟源《毛詩稽古編》云:「『鏘』字《說文》無篆而『𣪧』字注有『鏗鏘』字,『鏘』從金亦當為金聲。」[78]是寫卷作「瑲」為正字,撫本及《釋文》作「鏘」、「鎗」,皆借字也。

1. 寫卷與撫本均為借字

(1) 六十九行　袒徒旱[79]　脫湯活　髦毛　髽側瓜　髮方襪

此處《喪大記》有「主人袒,說髦,括髮以麻。婦人髽,帶麻於房中」句(卷十三,第3B頁),寫卷「髽」、「髮」兩條倒置。《釋文》出「說髦」二字,注云:「本作挩,同,他活反,徐他外反。」(第789-790頁)孔穎達《禮記正義》曰:「髦,幼時翦髮為之,至年長則垂著兩邊,明人子事親,恒有孺子之義也。若父死說左髦,母死說右髦,二親並死則並說之,親沒不髦是也。今小斂竟,喪事已成,故說之也。」[80]是此「說」字之義為解散;《說文・言部》「說,說釋也」段注:「說釋即悅懌。」[81]《肉部》「脫,消肉臞也」段注:「此義少有用

74　《說文解字》一篇上《玉部》,第12頁。

75　《說文解字》十四篇上《金部》,第297頁。

76　《說文解字注》一篇上《玉部》,第16頁。

77　雷濬:《說文外編》卷四《經字・詩》,第283頁。

78　(清)陳啟源:《毛詩稽古編》,《清經解》第1冊,上海書店1988年版,第459頁。

79　「袒」字寫卷原誤作「租」,今據其反切及撫本改正。

80　《禮記正義》卷四十四《喪大記第二十二》,第765頁

81　《說文解字注》三篇上《言部》,第93頁。

者，今俗用為分散、遺失之義。分散之義當用『捝』。」[82]《手部》：「捝，解捝也。」[83]則「脱」、「説」皆為「捝」之借。《禾部》：「税，租也。」[84]則《釋文》所引一本之「税」亦「捝」字之借。

(2) 一百五十四行　誦_{古穴}　汲_急　遯_{徒隊}[85]　拂_佛　與_豫

此處《中庸》云：「君子依乎中庸，遯世不見，知而不悔，唯聖者能之。君子之道，費而隱。夫婦之愚，可以與知焉，及其至也，雖聖人亦有所不知焉。」（卷十六，第 3A 頁）《釋文》出「費而」二字，云：「本又作拂，同，扶弗反，猶佹也。徐音弗，注同。」（第 818 頁）其所引或本正與寫卷同。案鄭注云：「費猶佹也。道不費則仕。」《詩・大雅・皇矣》「四方以無拂」鄭箋云：「拂猶佹也。」[86]《釋文》：「佹，九委反，戾也。」（第 357 頁）則「費」、「拂」二字通用。《説文・口部》：「咈，違也。」[87]桂馥認為「四方以無拂」之「拂」即「咈」之借字[88]。錢坫云：「凡《易》『拂經於邱』，《詩》『四方以無拂』，《韓非子》『大忠無所拂亂』，義皆當為『咈』。」[89]《史記・老子韓非列傳》「大忠無所拂悟」張守節《正義》云：「拂悟當為『咈忤』，古字假借耳。咈，違也。」[90]是「費」、「拂」皆「咈」之借字。

82　《説文解字注》四篇下《肉部》，第 171 頁。

83　《説文解字》十二篇上《手部》，第 254 頁。

84　《説文解字》七篇上《禾部》，第 146 頁。

85　「遯」字寫卷原誤作「膁」，今據其反切及撫本改正。

86　《毛詩正義》卷十六之四《大雅・皇矣》，第 574 頁。

87　《説文解字》二篇上《口部》，第 33 頁。

88　桂馥：《説文解字義證》卷五《口部》，第 129 頁。

89　（清）錢坫：《説文解字斠詮》，《續修四庫全書》第 211 冊，上海古籍出版社 1995 年版，第 480 頁。

90　《史記》卷六十三《老子韓非列傳第三》，第 2153 頁。

（六）寫卷與撫本為同義字

寫卷與撫本所用字不同，而其義則同，這是訓詁學上的同義替換現象。如：

(1) 二十四行　趙纏紹　姬居希　請七領　迎疑京　隗五海　衰楚危

此處《雜記上》「內子以鞠衣、褎衣，素沙。下大夫以襢衣，其餘如士」鄭注引《春秋傳》有「晉趙姬請逆叔隗於狄，趙衰以為內子，而己下之」句（卷十二，第 3B 頁）。寫卷之「迎」字不見於撫本。案鄭玄所引《春秋傳》見《左傳・僖公二十四年》：「趙姬請逆盾與其母，子餘辭。……固請，許之。來，以盾為才，固請於公，以為嫡子，而使其三子下之，以叔隗為內子而己下之。」[91]是《左傳》與《禮記》鄭注所引同，亦無「迎」字。

《史記・趙世家》：「趙衰既反晉，晉之妻固要迎翟妻，而以其子盾為適嗣，晉妻三子皆下事之。」[92]《列女傳・賢明傳・晉趙衰妻》：「趙姬請迎盾與其母而納之，趙衰辭而不敢。……趙衰許諾，乃逆叔隗與盾來。姬以盾為賢，請立為嫡子，使三子下之。以叔隗為內婦，姬親下之。」[93]《晉書・禮志中》：「今議此事，稱引趙姬、叔隗者粗是也。然後狄與晉和，故姬氏得迎叔隗而下之。」[94]諸書所言皆據《左傳》，而「逆」字均作「迎」。《爾雅・釋言》：「逆，迎也。」[95]《說文・辵部》：「逆，迎也。從辵屰聲。關東曰逆，關西曰迎。」[96]段玉裁注：「逆、迎

91　《春秋左傳正義》卷十五《僖公二十四年》，第 254-255 頁。

92　《史記》卷四十三《趙世家第十三》，第 1782 頁。

93　（漢）劉向：《古列女傳》卷二《晉趙衰妻》，《叢書集成新編》第 101 冊，新文豐出版公司 1985 年版，第 679-680 頁。

94　《晉書》卷二十《禮志中》，第 638 頁。

95　《爾雅注疏》卷三《釋言第二》，第 39 頁。

96　《說文解字》二篇下《辵部》，第 40 頁。

雙聲，二字通用，如《禹貢》『逆河』，《今文尚書》作『迎河』是也。」[97]《方言》卷一：「逆，迎也。自關而東曰逆，自關而西或曰迎。」[98]華學誠《揚雄方言校釋匯證》云：「逆、迎疑母雙聲，鐸陽對轉，一詞也；其音稍異，關東西方音之別也。」[99]寫卷作「迎」，撫本作「逆」，字異義同。《釋文》沒有出注，可知其所見諸本無「迎」、「逆」異文者。

(2) 一百一十四行　頃丘並　跬丘蟬　徑古定[100]　舩神專　忿孚松[101]

此處《祭義》云：「故君子頃步而弗敢忘孝也。今予忘孝之道，予是以有憂色也。頃當為跬，聲之誤也。予，我也。壹舉足而不敢忘父母，壹出言而不敢忘父母。壹舉足而不敢忘父母，是故道而不徑，舟而不游，不敢以先父母之遺體行殆。壹出言而不敢忘父母，是故惡言不出於口，忿言不反於身。不辱其身，不羞其親，可謂孝矣。」（卷十四，第15B頁）寫卷之「舩」字不見於撫本。《大戴禮記・曾子大孝》云：「故君子頃步之不敢忘也。今予忘夫孝之道矣，予是以有憂色。故君子一舉足不敢忘父母，一出言不敢忘父母。一舉足不敢忘父母，故道而不徑，舟而不游，不敢以先父母之遺體行殆也。一出言不敢忘父母，是故惡言不出於口，忿言不及於己。然後不辱其身，不憂其親，則可謂孝矣。」[102]與《祭義》同，亦無「舩」字。

「舩」為「船」之別體[103]，「漢人書船字，往往作舩」[104]。《説文・

97　《説文解字注》二篇下《辵部》，第71頁。

98　《方言箋疏》卷一，第105頁。

99　華學誠：《揚雄方言校釋匯證》卷一，中華書局2006年版，第89頁。

100　「徑」字寫卷原誤作「侄」，今據其反切及撫本改正。

101　「忿」字寫卷原誤作「忩」，今據其反切及撫本改正。

102　王聘珍：《大戴禮記解詁》卷四《曾子大孝第五十二》，第85頁。

103　《宋本廣韻》卷二《下平聲・二仙》，第121頁。

104　陳直：《漢書新證》，天津人民出版社1959年版，第311頁。

舟部》:「舟，船也。」「船，舟也。」[105]是舟、船同義。是寫卷之「舩」
相當撫本「舟而不游」之「舟」字。段玉裁云:「古人言舟，漢人言
船。」[106]管錫華云:「舟早於船，船進入書面語在戰國初期，至遲不晚
於中期。到《史記》，船代替舟。」[107]汪維輝云:「『舟』和『船』從先
秦起就是等義詞，但產生有先後。在先秦西漢，它們之間的關係變成
文白之別。」[108]則《禮記》本當作「舟」，作「舩」者後人以同義詞替
換也。《釋文》沒有出注，可知其所見諸本無「舟」、「舩」異文者。

三、寫卷與撫本不同，而與《釋文》或《釋文》所引別本　相同

寫卷所出詞目與撫本不同，而與《釋文》所出詞目或其所引別本
相同，可據此印證《釋文》所據六朝時《禮記注》版本之異文。

1. 寫卷與撫本不同，而與《釋文》相同

(1) 五十一行　徑_{古定}　併_{薄鼎}　覆_{孚又}

《雜記下》「晏平仲祀其先人，豚肩不揜豆，賢大夫也，而難為下
也」鄭注:「言其偪士、庶人也。豚，俎實。豆徑尺。言並豚兩肩不能
覆豆，喻小也。」（卷十二，第19B頁）

「徑」、「覆」二字均見於鄭注，而「併」字撫本作「並」，八行本
亦作「並」，《釋文》出「言併」，音「步頂反」（第786頁），是《釋文》

105　《説文解字》八篇下《舟部》，第176頁。

106　《説文解字注》八篇下《舟部》，第403頁。

107　管錫華:《從史記看上古幾組同義詞的發展演變》，《漢語史研究集刊》第1輯，巴蜀
書社1998年版，第8頁。

108　汪維輝:《東漢—隋常用詞演變研究》，南京大學出版社2000年版，第77頁。

與寫卷同。「並」、「併」古今字[109]。

(2) 一百六十一行　壁許氣　稟力甚　稍霜僑

此處《中庸》有「既稟稱事，所以勸百工也」及鄭注「既讀為餼，餼稟，稍食也」句（卷十六，第 9A 頁），撫本「稟」作「廩」，《唐石經》、八行本亦作「廩」。《釋文》出「稟」字，注云：「彼錦反，一本又力錦反。既稟謂哨食也。」（第 821 頁）與寫卷同。《羣經音辨》「既餽食也」條引《禮記》云：「既稟稱事，所以勸百工也。」[110]亦與寫卷同，則北宋時賈昌朝所見尚作「稟」也。臧琳《經義雜記》卷三「既稟稱食」條云：「鄭注以『既稟』為稍給之食，與《說文》『賜穀也』正合，則鄭本必作『稟』字。」[111]

2. 寫卷與撫本、《釋文》不同，而與《釋文》所引別本相同

(1) 五十一行　僭子念　損蘇婟　踰容朱　封方容

此處《雜記下》云：「君子上不僭上，下不偪下。婦人非三年之喪，不踰封而弔。」（卷十二，第 19B 頁）《釋文》出「偪下」二字，注云：「音逼，本又作損。」（第 786 頁）寫卷作「損」，正與《釋文》所引別本同。

(2) 一百五十四行　俅桑故　嚮向　譎古穴

《中庸》「素隱行怪，後世有述焉，吾弗為之矣」鄭注：「素讀如『攻城攻其所俅』之俅。俅猶鄉也。言方鄉辟害隱身，而行詭譎以作後世名也。」（卷十六，第 3A 頁）

---

109 郭齊：《連詞「並」的產生和發展》，《漢語史研究集刊》第 3 輯，巴蜀書社 2000 年版，第 19 頁。

110 賈昌朝：《羣經音辨》卷二，《四部叢刊續編》，第 15A 頁。

111 臧琳：《經義雜記》，《清經解》第 1 冊，第 798 頁。陳鴻森先生認為《經義雜記》乃臧琳後人臧庸所纂，實為後出，說見陳鴻森《漢學師承記箋釋序》，漆永祥《漢學師承記箋釋》，上海古籍出版社 2006 年版，第 8 頁。

《釋文》出「猶鄉」二字，注云：「本又作嚮，許亮反。」（第 818 頁）寫卷作「嚮」，正與《釋文》所引別本同。

四、寫卷有而撫本無者

王夢鷗《禮記選注・敘略》云：

鄭玄注本流傳至今已千有餘年，中間雖未聞有重大的變故發生，但若精察其本文或注語，仍可看出一些可疑的痕跡。不特本文有些脫落，即注語亦有篡亂。前者如他書明引《禮記》的文句，而此等文句，今則不見於此書；後者如同屬一事，而鄭注語卻前後不同，甚或自相齟齬。凡此現象，可信其發生於雕版流行以前及以後諸時代皆有之：以前，讀者各憑手鈔，不免譌脫時有；以後，將義疏與注語相連綴，則更易混淆。[112]

寫卷中亦有所出詞目而不見於撫本者，如：

(1) 九行　分_{扶問}　陝□_冉　□□□　□_伏　綴_{T□}　夾_{古洽}　振_{章刃}

此處《樂記》云：「四成而南國是疆，五成而分周公左、召公右，六成復綴以崇。天子夾振之而駟伐，盛威於中國也。」（卷十一，第 22A 頁）

撫本無「陝」字，《唐石經》、八行本亦無。山井鼎云：「古本『五成而分』下有『陝』字。」[113]阮元云：「孫志祖校云：『按《史記・樂書》

---

112 王夢鷗：《禮記選注》，正中書局 1976 年版，第 5 頁

113 〔日〕山井鼎輯，物觀補遺：《七經孟子考文並補遺》，《叢書集成初編》第 8 冊，商務印書館 1936 年版，第 1098 頁。

本、《家語・辨樂解》皆有『陝』字。」[114]故王夢鷗《禮記校證》云：「是則《樂記》原有此字，今脫。」[115]然張敦仁《撫本禮記鄭注考異》卻認為不當有「陝」字：

> 山井鼎曰：「古本『分』下有『陝』字。」今案古本非也。鄭注云：「五奏，象周公、召公分職而治也。」然則鄭本此經固未嘗有「陝」字。《正義》云：「『五成而分周公左、召公右』者，從第二位對第三位，分為左右，象周公居左，召公居右也。」解經絕不及「陝」，是其本無「陝」字。《釋文》不為「陝」字作音，以《曲禮注》「陝」有音，及《王制》、《玉藻》注無不有音相決，是其本亦無「陝」字。又唐石本亦無之，可見此經自來用鄭氏注者並無「陝」字也。《史記・樂書》則有「陝」字，詳彼之與此文句違互甚多，難以同諸鄭本。《集解》引王肅曰：「分陝東西而治。」或王所注禮記之語，而其本之經乃有此字也。故於私定《家語》中又特著之，其無與於鄭本亦明矣。作古本者未審乎此也。[116]

案寫卷有「陝」字，是其所據本鄭注《禮記》有「陝」也。若張氏見此寫卷，不知將以何辭辯之？又《詩經・召南・甘棠・序》「召伯之教，明於南國」孔穎達《正義》：「食采文王時，為伯武王時，故《樂記》曰武王伐紂，『五成而分陝，周公左，召公右』是也。」（上冊，第287頁）孔穎達所引《樂記》亦有「陝」字，則《禮記正義》無「陝」者，

---

114 阮元：《禮記校勘記》，《清經解》第5冊，第739頁。

115 王夢鷗：《禮記校證》，藝文印書館1976年版，第293頁。

116 （清）張敦仁：《撫本禮記鄭注考異》，《清經解》第6冊，上海書店1988年版，第288頁。

未嘗不可謂非後人據無「陝」之經文刪之。

(2) 一百六十四行　於_{鳴呼}　純_{成遵}　假_瑕　峻_{思儁}　極_{己力}

此處《中庸》云：「《詩》曰：『惟天之命，於穆不已。』蓋曰天之所以為天也。『於乎不顯，文王之德之純。』蓋曰文王之所以為文也，純亦不已。大哉聖人之道，洋洋乎發育萬物，峻極於天。」（卷十六，第12A頁）

撫本無「假」字（《唐石經》、八行本亦無），《中庸》篇引《詩》有「奏假無言」句（卷十六，第15B頁），但寫卷第一百六十七行出「假」字，音「賈」，即為「奏假無言」之「假」注音。此處之「假」必非音「奏假無言」句，而《中庸》他處不再有「假」字。《中庸》所引「於乎不顯，文王之德之純」句，出自《詩・周頌・維天之命》，此句下《詩》尚有「假以溢我，我其收之」句[117]，《釋文》出「假以」二字，注云：「音暇，嘉也。」（第393頁）其音與寫卷之「瑕」音同，寫卷所據《禮記》引《詩》「文王之德之純」下應有「假以溢我，我其收之」句。

五、結語

1. 此《禮記音》寫卷中的錯字基本上是形誤字，並非《禮記音》原書所有，而是輾轉傳抄造成的訛誤，故必須進行詳細的校勘，方能使用其中的材料。

2. 寫卷《禮記音》所據鄭玄《禮記注》底本，不僅與我們所見傳世本如《唐石經》、撫本、八行本等有很多文字差異，它與《經典釋文》

---

117 《毛詩正義》卷十九之一《周頌・維天之命》，第708頁

所據《禮記注》底本也不同，而且從與《釋文》的文本對勘中可以看出，陸德明撰寫《禮記音義》時，並沒有看到過這個《禮記音》。

3. 雖然此寫卷稱不上抄寫精良的善本，但畢竟為唐抄本，而且撰成於南北朝時期，其所據底本可謂六朝古本。其經注之文多有與傳本相異甚至傳本所無者，可藉以考知部分漢時鄭玄《禮記注》之經注原貌。

（原載《文史》2009 年第 4 輯〔總第 89 輯〕，收入許建平《讀卷校經：出土文獻與傳世典籍的二重互證》時略有修改。此據《讀卷校經：出土文獻與傳世典籍的二重互證》，浙江大學出版社 2014 年版）

BD09523《禮記音義》殘卷跋

　　二〇〇〇年六月，筆者借參加首都師範大學郝春文教授主持的「紀念敦煌藏經洞發現一百週年國際學術研討會」的機會，於會後赴國家圖書館善本特藏部，受到特藏部諸位特別是李際寧先生與黃霞女士的熱情接待與幫助，使得以閱覽館藏寫卷。BD09523 號寫卷即為此時閱覽並獲允抄錄的。

　　寫卷原千字文編號為殷 44，今統一之北敦編號為 BD09523。「唐寫本，卷軸裝，首尾殘，長五十二點五釐米，高二十八點九釐米」[1]，起《檀弓上第三》「玉從」條注「又如字」之「又」，至《檀弓下第四》「入見」條，共二十五行，第一行僅存注文一字半。餘皆全。《中國國家圖書館藏敦煌遺書精品選》定名為《禮記音義檀弓下第四》，乃據第二十三行之小題定名，其實本卷前二十三行為《檀弓上第三》之內容，《檀弓下第四》僅存二行。故我以為據陸德明《經典釋文》原題定為《禮

1　中國國家圖書館善本特藏部、上海龍華古寺、《藏外佛教文獻》編輯部：《中國國家圖書館藏敦煌遺書精品選》，第 20 頁。

記音義》較佳，如欲標出細目，則可定為《禮記音義・檀弓》。第二十二行「皆厭」條之注作「於菜」，「菜」乃是唐高宗時為避太宗李世民之諱而改[2]，則此為唐寫本當無疑問。

一九二九年，許國霖與胡鳴盛二先生從未編入陳援庵《敦煌劫餘錄》的殘卷中選出一一九二種編輯了供閱覽使用的目錄。許國霖先生另外又編成《敦煌石室寫經題記與敦煌雜錄》一書，在該書下輯《敦煌雜錄》中收錄了編號為殷44的殘卷，並擬題《禮記音義》。此書由商務印書館於一九三七年排印行世，因而世人才得以窺見此寫卷之內容。羅常培在《唐寫本經典釋文殘卷四種跋》及《唐寫本經典釋文殘卷五種跋》中考證了寫卷的有關內容[3]；陸志韋《古反切是怎樣構造的》一文中亦提到這個寫卷[4]；陳鐵凡《敦煌本禮記、左、穀考略》作了簡單的介紹[5]。黃焯《經典釋文彙校》也參校了此卷[6]。但他們所據者皆是許國霖的《敦煌雜錄》本。筆者在《敦煌音義匯考》中收錄此卷時[7]，因沒有見到原卷，故而亦只能就許國霖本立論。

今以唐寫原卷，覈之許氏錄文，知其錄文多誤。現歸納其誤，主要有以下幾類：

第一，錄文不全。殘卷之第一行殘存注文一字半（「又」及「如」之左半「女」），錄文中沒有反映，則許氏錄文較原卷少一行，只存二

2　《舊唐書・高宗本紀上》：「十二月乙卯，還洛陽宮。庚午，改『昬』、『葉』字。」（中華書局1975年版，第77頁）

3　《唐寫本經典釋文殘卷四種跋》，《清華學報》第13卷第2期，1941年；《唐寫本經典釋文殘卷五種跋》，《國學季刊》第7卷第2期，1951年。

4　陸志韋：《古反切是怎樣構造的》，《中國語文》1963年第5期。

5　《敦煌本禮記、左、穀考略》，《孔孟學報》第21期，1971年4月。

6　黃焯：《經典釋文彙校》，中華書局1980年版。

7　張金泉、許建平：《敦煌音義匯考》，杭州大學出版社1996年版。

十四行內容。而且錄文亦未按行款迻錄。

　　第二，辨字不慎而誤錄為他字。如第二行「蚩」音「尺之」，錄作「人之」。第五行「問喪」條注「注及下皆同」、第八行「為孟」條注「下及注為人同」之「及」皆誤為「反」。第六行「有為」條注「於偽反」，第八行「為孟」條注「於偽反」，第十二行「為小君」條注「於偽反」，「偽」均誤作「為」。第八行「裞衰」條注「七迴反」，錄「七」為「大」。第十一行「作埄」條注「北鄧」，錄「北」為「比」。第十二行「反壞」錄作「反燶」，注「而兩」錄作「而雨」。第十四行「又易」條注「以豉」，錄作「從豉」。第十四行「椑」，錄作「禪」。第十五行「綴足」條注「丁衛」，誤錄為「丁衡」。第二十四行「長殤」注「丁丈反」，錄「丈」為「文」。

　　第三，辨字不清而誤以為殘缺。第二行「卜人師」注「本或無師字者非也」，錄「或」作「□」。第十九行「袗」條注「小要也」，錄「也」為「□」。

　　第四，迻錄不審而致誤。第八行「繐裳」條注「布細而疏」錄作「布而細疏」，遂致不可讀。二十一行「以刾」條注「七亦反」，錄作「刾亦反」，涉正文而誤。

　　第五，不解寫本體例而誤錄。第十六行「緹」注「七絹。淺赤色，今之紅」[8]，「之紅」二字原卷倒寫於雙行小注之第一行末[9]，這是有雙行小注的敦煌寫卷的一種書寫體例，目的是為了使雙行能夠對齊。許

8　「緹」，通志堂本《經典釋文》作「縓」。案此出《禮記》經文「練，練衣黃裏，縓緣」句。《儀禮·喪服》「公子為其母，練冠、麻、麻衣縓緣」鄭注：「《檀弓》曰：練，練衣黃裏、縓緣。」可知作「緹」者為誤字。

9　《儀禮·既夕禮》「縓綼錫」鄭注：「一染謂之縓，今紅也。」《爾雅·釋器》：「一染謂之縓，今之紅也。」可知此處應是「之紅」二字。

氏不知此為倒寫字，而依順寫字錄文，遂錄作「**Iᄼ**萬」，錄「之」為「萬」，「紅」為「**Iᄼ**」，使人不知所云。

第六，不識俗字而誤錄。第十三行「旁殺」條注、第二十四行「降殺」條注「色ｖ戒反」，「色」為「色」之俗寫，而許氏皆錄作「包」。也有因迻錄俗字而有形變，以致他人誤識者。如第四行「成味」條注「亡葛反」，寫卷「亡」作「**Ｅ**」，許氏錄作「**Ｅ**」，遂使羅常培誤以為寫本作「己」[10]。

很多敦煌寫卷有一個通病，即抄寫粗疏，訛誤連篇。即使是抄寫較為認真的寫卷，訛奪衍乙之處亦難以避免。本卷已是一個轉輾傳抄的卷子，其脫漏或訛誤之處所在多有。統觀全卷，其錯誤可以概括為以下幾類：

（一）條目脫漏

以此寫卷與今流行之通志堂本《經典釋文》對勘[11]，發現通志堂本有而寫卷無者達二十九條之多[12]，可見刊落之多。這一點與敦煌寫卷的其他兩種《釋文》殘卷一 S.5735+P.2617《周易釋文》與 P.3315《尚書釋文》一的情況相似。

（二）正文或注文脫漏

1. 第三行「謂大」條注「一音他」，通志堂本作「一音他佐反」。羅常培懷疑寫卷有謌奪[13]。

10　《唐寫本經典釋文殘卷五種跋》，《國學季刊》第 7 卷第 2 期，1951 年。

11　《經典釋文》，清徐乾學通志堂刻本。本文所據者為中華書局 1983 年影印本，下均簡稱「通志堂本」。

12　羅常培在其論文《唐寫本經典釋文殘卷五種跋》（《國學季刊》第 7 卷第 2 期，1951年）中錄 27 條（第 195 頁），漏收兩條：「爨緦，上七亂反，下音思」；「上之，時掌反，下『以上』同」。

13　《唐寫本經典釋文殘卷五種跋》，第 205 頁。

　　案：《集韻・過韻》小韻他佐切下收有「大」字，云：「太也。何休曰：『約誓大甚。』」《集韻》所引何休語見《公羊傳・隱西元年》「眛者何？地期也」注：「為其約誓大甚，朋黨深背之。」《釋文》出「大甚」，云：「音泰，或勑賀反。」「他」與「勑」為透徹類隔，求之古音，同在透紐。「佐」與「賀」皆為去聲箇韻字。是「他佐切」者即《釋文》所引之或音「勑賀反」也。統觀《釋文》為讀作「太」之「大」所作及引用他人之反切，有吐賀反、勑賀反、他賀反、代賀反、勑佐反、他佐反、菟佐反、他餓反、菟餓反、唐餓反、徒餓反等，切下字均為去聲箇韻。而「他」字《廣韻》託何切，在平聲歌韻。羅所疑是也。寫卷「他」下當有脫字。宋本《釋文》亦作「他佐反」[14]，當是。

　　2. 第三行「㪍」條注「莫報」，宋本、通志堂本出「㪍冒」二字。

　　案：《周易・繫辭上》「冒天下之道」，《尚書・泰誓上》「沈湎冒色」，「冒」字《釋文》皆音「莫報反」，可證此處切語「莫報」乃為「冒」作音，則寫卷脫去「冒」字。

　　3. 第六行「有為」條注「下為桓司馬、敬叔、則為之，注為民作、為嫁母同」，宋本、通志堂本「敬叔」前有「為」字。

　　案：查《禮記》經文云：「喪之慾速貧，為敬叔言之也。」則當有「為」字。

　　4. 第八行「瓅」條注「依字」，宋本、通志堂本「依字」下有「作瑣」二字。

　　案：《詩・邶風・旄丘》釋文：「瓅，依字作瑣，素果反。」《春秋經・成公十二年》釋文：「瓅，素果反，依字宜作瑣。」殘卷「依字」

14　國家圖書館藏宋刻宋元遞修本《經典釋文》。本文所據者為上海古籍出版社 1985 年影印本，下均簡稱「宋本」。

下抄脱「作瓚」二字無疑矣。

（三）字訛

1. 第四行「成劉」條，宋本、通志堂本作「成斲」。

案：此經文「木不成斲」句中文，則作「斲」是也。

2. 第五行「虡」條注「直日虞」，宋本、通志堂本出「虞」，注「植日虞」。

案：此經文「有鍾磬而無簨虡」句中文。鄭玄注云：「橫日簨，植日虡。」「植日虡」乃鄭注文，殘卷《釋文》下條「植日」即是為鄭注作音。《通典》卷八十六《禮四十六·凶禮八》引《禮記》鄭注：「橫日簨，植日簴。」亦作「植」。可知寫卷正文及注文皆訛。

3. 第六行「孫子」條，宋本、通志堂本作「孫于」。

案：此為鄭玄注「魯昭公孫于齊，日：喪人其何稱」句中文。此語鄭玄引自《公羊傳·昭公二十五年》，文云：「九月，己亥，公孫于齊，次於楊州……」足證「子」為「于」之形訛。又注文「音孫」，宋本、通志堂本作「音遜」。羅常培云：「依例同字不得為音切。」[15]案《內則》「博學無方，孫友視志」，《少儀》「不敢問其年」鄭注「問年，則己恭孫之心不全」，《學記》「入學鼓篋，孫其業也」，《緇衣》「則民有孫心」，《儒行》「孫接者，仁之能也」，諸「孫」字《釋文》皆「音遜」。是知寫卷之正文與注文皆誤。

4. 第十七行「無絇」條注「其俱反，履頭飾」，「履」字通志堂本同，宋本作「屨」。盧文弨《經典釋文考證》改通志堂本之「履」為「屨」[16]。

15　《唐寫本經典釋文殘卷五種跋》，《國學季刊》第 7 卷第 2 期。

16　《經典釋文考證》第 3 冊，《叢書集成初編》本，商務印書館 1935 年版，第 200 頁。

　　案：《禮記·玉藻》「童子不裘不帛，不屨絇」鄭注：「絇，屨頭飾也。」《儀禮·士冠禮》「玄端黑屨，青絇繶純」鄭注：「絇之言拘也，以為行戒，狀如刀衣鼻，在屨頭。」又《士喪禮》「乃屨，綦結於跗，連絇」鄭注：「絇，屨飾，如刀衣鼻，在屨頭上，以餘組連之，止足坼也。」可證盧所改是，寫卷與通志堂本皆誤。

　　上面列舉了不少寫卷的錯誤，似乎它的缺陷很多。其實此乃唐寫卷子，其時代遠遠早於我們現所見到的宋元遞修本《釋文》，更毋庸說是通志堂本了。筆者略事考索，發現其勝處極夥，不僅可藉以糾補後來刊刻版本的訛脫，甚至亦可補正通行本《禮記》鄭玄注的脫漏。敦煌寫卷所可寶貴之處正在於此。茲列舉典型者數例如下：

（一）可補通行本《釋文》之脫漏

　　1. 第七行「公𣎟叔木」[17]條注「音戌，式樹反，又音朱，徐之樹反」。通志堂本無「戌」字，宋本「音」下空缺。

　　案：此出「公叔木有同母異父之昆弟死」句，鄭注云：「木當為朱，《春秋》作戌，衛公叔文子之子，定公十四年奔魯。」孔穎達《正義》云：「《世本》『衛獻公生成子當，當生文子拔，拔生朱』，故知『木當為朱』也。」《左傳·定公十三年》云：「及文子卒，衛侯始惡於公叔戌，以其富也。」「公叔戌」即《禮記》之「公叔木」，此乃《釋文》依鄭注以異文為注。「音戌」者，「公叔木」或作「公叔戌」也；「又音朱」者，「公叔木」或作「公叔朱」也。「戌」字當有，否則下之「式

17　寫卷「𣎟」為「叔」之俗寫，乃是衍文。

樹反」無所從屬，易使人誤為「木」有此音，清人雷浚即有此誤[18]。

2. 第八行「伯鞏」條注「蔡恭勇反」，宋本、通志堂本無「蔡」字。

案：《釋文・序錄》云：「蔡謨，字道明，濟陽考城人，晉司徒，文穆公，□□音□卷。」《隋書・經籍志》：「《禮記音》二卷，宋中散大夫徐爰撰。梁有鄭玄、王肅、射慈、射貞、孫毓、繆炳音各一卷，蔡謨、東晉安北諮議參軍曹耽、國子助教尹毅、李軌、員外郎范宣音各二卷，徐邈音三卷，劉昌宗音五卷，亡。」是《釋文》「□□音□卷」當是「《禮記音》二卷」之脫，盧文弨《經典釋文考證》即據《隋志》補足[19]。因此而知蔡謨曾撰《禮記音》。《隋志》雖云「亡」，然德明作《釋文》時曾及見，並引用之。則蔡謨音蓋亡於隋末大亂時，至唐初撰《隋志》時，已不可見。《月令》「審斷、決獄」釋文：「斷，蔡徒管反。」此「蔡」當為蔡謨之音也。《月令釋文》中屢言「蔡云」，《隋志》云：「《月令章句》十二卷，漢左中郎將蔡邕撰。」《釋文》所言「蔡云」者，乃是蔡邕《月令章句》中文，如「掩骼埋胔」注：「才賜反。蔡云：露骨曰骼，有肉曰胔。」「螻蟈鳴」注：「蔡云：螻，螻蛄；蟈，蛙也。」而蔡邕未有注音，《釋文・序錄》未言，《隋志》亦無記載。則言音者，蔡謨之音也；言義者，蔡伯喈之文也。寫卷此條有「蔡」字，當是《釋文》原貌。

3. 第二十三行「以上」注「時掌」，宋本、通志堂本均無此條。

案：此出「君於士有賜帟」鄭注「大夫以上，幕人職供焉」句，

18　《經典釋文彙校》：「雷浚云：木，式樹反，此音僅見《釋文》，不見於《廣韻》、《集韻》。焯案：《釋文》有以注音方式表異文或誤字者，不下數十百處，此蓋承漢人讀為、當為之例。如此條云：木音戍，式樹反。此謂『公叔木』即『公叔戍』，非謂『木』有戍音。雷氏不知，竟謂此音《廣韻》、《集韻》闕收，而為《釋文》所獨有，非也。」（第125頁）。

19　《經典釋文考證》第1冊，第16頁。

寫卷可補今通行本之缺。

（二）可糾通行本《釋文》之訛誤

1. 第二行「蚩」條，此《檀弓上》「子游曰：知禮」鄭注「嗤之」中文，通志堂本作「嗤」。《彙校》：「宋本作『蚩』。段云，作蚩是也。下『蚩兄死者』音正無口傍。撫本作『嗤』，非，今各本注亦誤。」[20]

案：《釋文》全書「蚩」出四次，「嗤」出二次。另一次「嗤」見於《左傳·文公二年》釋文，云：「嗤，尺之反。」《彙校》云：「宋本及北宋本作『蚩』。阮云：杜氏所用古字也。」[21]是作「嗤」處皆有異文「蚩」。今此條寫卷與宋本同，亦作「蚩」，可為《釋文》原本作「蚩」之證。

2. 第七行「繆公」條注「音穆」，宋本、通志堂本作「音木」。

案：《周禮·春官·女巫》「旱暵，則舞雩」鄭注引《禮記·檀弓下》「穆公召縣子而問焉」釋文：「繆公，音穆。」《禮記·檀弓下》「穆公召縣子而問然」鄭注「凡穆或作繆」釋文：「繆，音穆。」《禮記·坊記》「陽侯猶殺繆侯而竊其夫人」釋文：「音穆。」《公羊傳·隱公元年》「隱長又賢，何以不宜立」注「據賢繆公與大夫」釋文：「音穆。」《釋文》於諡號之「繆」多音以「穆」，其實乃是以異文為注。羅常培從音理上考察，認為：「木，《廣韻》莫卜切；穆，《廣韻》莫六切，同屬明紐屋韻，但侈弇不同，繩以音例，則寫本為是。」[22]《禮記·大傳》「序以昭繆」釋文：「音木。」當亦是「音穆」之誤。

3. 第十一行「作堋」條，宋本、通志堂本出「作塴」。

案：此「縣棺而封」鄭注「《春秋傳》作堋」句中文。鄭氏所引出

20　《經典釋文彙校》，第 125 頁。

21　《經典釋文彙校》，第 160 頁。

22　《唐寫本經典釋文殘卷五種跋》，第 189 頁。

自《左傳・昭公十二年》，文云：「毀之，則朝而堋。」《周禮・地官・鄉師職》「及窆，執斧以涖匠師」鄭玄注：「鄭司農云：窆謂葬下棺也。《春秋傳》曰：『日中而堋。』」又《遂人職》「及窆，陳役」鄭玄注「鄭司農云：窆，謂下棺時。遂人主陳役也。《禮記》謂之封，《春秋》謂之堋，皆葬下棺也。」又《夏官・太僕職》「大喪，始崩，戒鼓，傳達於四方，窆亦如之」鄭玄注引鄭司農云：「《春秋傳》所謂日中而堋。」諸所引均作「堋」。《通典》卷八十六《禮四十六・凶禮八》引《左傳》亦作「堋」。阮元於《夏官・太僕職》下校云：「岳本及葉鈔《釋文》『堋』作『備』，此本《疏》引《春秋傳》亦作『日中而備』，閩、監、毛本改作『堋』。按《說文》有備、堋字，無備、堋字，二字從山者，誤字也。《說文》『堋』下亦引《左傳》『朝而堋』，《釋文》作『備』者古字假借，自是鄭注古本如此。」[23]孫詒讓《周禮正義》云：「阮校是也。《遂人》、《太僕》注引《春秋傳》『堋』字，宋本及葉本《釋文》亦並從人，蓋先鄭所據《左傳》本與許、杜不同，後人依《左傳》改此注而又譌其體耳。」[24]孫氏因而將《周禮》鄭注所引之「堋」均改為「備」。

案《說文・土部》「堋」篆下云：「喪葬下土也。從土朋聲。《春秋傳》曰『朝而堋』。《禮》謂之封，《周官》謂之窆。」《集韻・嶝韻》：「堋，或作堋。」則「堋」為後起字。今寫卷作「堋」，與《說文》合。諸引作「堋」者，誤字也。作「備」者，假借字也。孫詒讓改作「備」，阮元謂《釋文》作「備」乃是鄭注本《禮記》原字，均未洽。

4. 第十一行「汰哉」注「白矜大也」[25]，宋本、通志堂本出「汰

23　《十三經注疏》，中華書局 1980 年版，第 853 頁。

24　《周禮正義》卷二十一《地官・鄉師》，第 829 頁。

25　寫卷「汰」為「汰」之誤，「白」為「自」之訛。

哉」，注作「自矜大」。

　　《禮記‧表記》「不矜而莊」釋文：「居陵反，自尊大也。」《彙校》云：「鈔本作矝。案作『矝』從『令』是也。説詳段氏《説文注》及嚴氏《唐石經校文》。」[26]

　　案：《彙校》所云是也。敦煌儒家經典寫卷中「矜」多寫作「矝」。如《尚書‧多士》「予惟率肆矝爾」、「天惟畀矝爾」，P.2748《古文尚書亡逸、君奭、蔡仲之命》皆作「矝」。又《多方》「天惟畀矝爾」，P.2630《尚書周書多方至立政第十》作「矝」。《左傳‧定公四年》「不侮矝寡」，P.2523《定公四年至六年春秋左氏傳集解》作「矝」。《論語‧衛靈公》「君子矜而不爭」，S.747《論語集解（衛靈公——季氏）》作「矝」。又《子張》「嘉善而矜不能」，P.2628《論語集解子張第十九堯曰第二十》作「矝」。「矜」字本無，後人所改也。臧庸《拜經日記》於此考之甚詳[27]，可參看。

　　5. 第十四行「廣麰」條注「下音茂，徐亡尤」。「亡尤」，宋本、通志堂本作「亡侯反」。

　　案：王力《南北朝詩人用韻考》云：「關於尤侯幽三韻，全南北朝詩人是一致的；三韻完全沒有分用的痕跡。」[28]依王先生之説，徐邈尤侯當亦通用。然蔣希文則不同於王力之説：「從徐音所反映的情況來看，至少在晉宋時期漢語南部方音，侯韻系字和虞韻系字讀音比較接近，侯韻系字和尤、幽韻系字讀音相去較遠。」[29]在蔣書所列侯部字徐

26　《經典釋文彙校》，第143頁。

27　臧庸：《拜經日記》，《清經解》第6冊，第728頁。

28　王力：《南北朝詩人用韻考》，《王力文集》第18卷，山東教育出版社1991年版，第31頁。

29　蔣希文：《徐邈音切研究》，貴州教育出版社1999年版，第80頁。

音中，有三例尤侯系互切。《禮記・曲禮》「車驅而騶，至於大門」釋文：「仕救反，又七須反。徐仕遘反。」《禮記・射義》「天子以《騶虞》為節」釋文：「騶虞，側尤反，徐側侯反。」《周禮・天官・掌舍職》鄭注「櫃，受居溜水涑槀者也」釋文：「徐、劉色遘反，戚色胄反。」第一例蔣氏認為「騶」為「驟」之借，徐邈乃是讀作「驟」[30]。但另二例亦為尤侯互切，而蔣氏並未作出任何解釋。黃焯云：「前『廣袤』條『徐又亡侯反』，敦煌本作『徐又亡尤』，如『尤』字非誤，則當徐邈時尤侯不分。」[31]故尤侯幽三韻之關係，當以王力先生所云為善。

羅常培云：「《廣韻》『袤』莫候切，『尤』字殆誤。」[32]《廣韻》「袤」讀去聲，徐邈讀平聲，故羅先生懷疑「尤」字誤。其實徐邈之聲調並不與《廣韻》所反映的同，詳參蔣希文《徐邈音切研究》第一九七至二〇七頁。

今此處「袤」字徐音「亡尤」，與今本作「亡侯」不同。如此我們就不能不懷疑今本被改動的可能性。

6. 第十四行「衣以」條注「於既」，第二十二行「皆厭」條注「於栗。宋本、通志堂本「於」皆作「于」。

案：吳承仕云：「毛居正並謂『于』應作『於』。承仕案：德明反語蓋與《切韻》大同，不應於于、於同用。通校全書，若徐邈等所下反音，影喻諸紐閒有出入，至於德明，則不概見，且互譌者，僅有于、於二文，而伊、央、乙、烏、為、羽、云、有諸文蓋無互用之處，可證作『于』者為傳寫之譌。」[33]羅常培云：「『衣、於』屬影紐，

30　蔣希文：《徐邈音切研究》，第79頁。

31　《經典釋文彙校》，第126頁。

32　《唐寫本經典釋文殘卷五種跋》，《國學季刊》第7卷第2期

33　吳承仕：《經籍舊音辨證》，中華書局1986年版，第129頁。

『于』屬喻紐云類，作『於』為是。」[34]吳、羅二氏是也。

7.第十五行「椑」條注「親尸棺」，「親」，宋本此處殘泐，通志堂本作「櫬」。

《彙校》云：「敦煌本作『親』，是也。」[35]

案：此處鄭注云：「椑謂杝棺親尸者。」又《曾子問》「君出疆，以三年之戒，以椑從」鄭注：「親身棺曰椑。」《彙校》説是也。

8.第十五行「水兕」條注「徐履」，宋本、通志堂本「履」作「里」。

羅常培將此歸入「其下字雖殊，而韻類實無差別」例，並云：「《廣韻》『里』在止韻，『履』在旨韻。」[36]《彙校》：「《廣韻》兕、履在五旨，里在六止。」[37]

案：《經典釋文》除此條外，「兕」共出現十六次，其中十二次徐履反，一次詞履反，一次徐里反，一次徐子反，一次引徐邈音辭姊反。「徐里反」者，在《左傳·宣公二年》釋文，《彙校》云：「里，宋本同。何校本、北宋本作『履』，注疏本同。阮云：作履是也。」[38]則通志堂本《釋文》中兩次作「徐里反」者，皆有作「徐履反」之異文。雖然《釋文》支脂之不分，然此則當以作「徐履反」者為善。

9.第十七行「衡」條注「依注作橫，華彭反」。宋本、通志堂本「注」作「字」。

34　《唐寫本經典釋文殘卷五種跋》，《國學季刊》第7卷第2期。

35　《經典釋文彙校》，第126頁。

36　《唐寫本經典釋文殘卷五種跋》，《國學季刊》第7卷第2期。

37　《經典釋文彙校》，第126頁。

38　《經典釋文彙校》，第162頁。

《彙校》云：「敦煌本『字』作『注』，是也。」[39]

案：此處鄭注云：「衡當為橫，字之誤也。」《釋文》通例，凡據所宗注家的注文而改字者，均以「依注作×」表述，如《檀弓下》「詠斯猶」鄭注「猶當為搖，聲之誤也」，《釋文》：「依注作搖，音遙。」《周禮‧考工記‧梓人職》「梓人為飲器，勺一升，爵一升，觚三升」鄭注「觚當為觶」，《釋文》：「依注作觶，之豉反。」《彙校》是也。

（三）可補通行本《禮記》鄭注之脫

1. 第四行「滕也」條，宋本、通志堂本出「滕」，無「也」字。

案：阮刻本《禮記》鄭注原文為「竹不可善用，謂邊無滕」，「滕」下無「也」字。而《通典》卷八十六《禮四十六‧凶禮八》引此段則如此：「是故竹不成用，瓦不成味，木不成斲，成猶善也。竹不可善用，謂邊無滕也。」則杜佑所見本有「也」字。孔穎達《正義》：「竹不善用，謂竹器邊無滕緣也。」孔所見本蓋亦有「也」字。今此寫卷亦有「也」字，應非手民擅增所致，當是《釋文》原貌如此。

2. 第十五行「不令也」條，宋本、通志堂本出「不令」，無「也」字。

案：阮刻本《禮記》鄭注作「虛之不合」。阮元校云：「閩、監本同，岳本、嘉靖本同；毛本『合』作『令』，衛氏《集說》同，《考文》引古本同。《釋文》出『不令』，云：『力政反，本又作合。』《正義》云：『虛之不令也。令，善也。一本為虛之不合者，謂不以蓋合覆其上。』然則《正義》本當亦作『令』，與《釋文》同。今作『合』，注與疏不相謀，當由附合注疏時所據注本不同。毛本改從『令』，是也。衛氏《集說》『令』下有『也』字，《考文》引古本同。案《正義》，則

39　《經典釋文彙校》，第 126 頁。

『也』字亦當有。」[40]寫卷《釋文》出「不令也」，可為阮氏添一證。

（原載《敦煌研究》2003 年第 2 期，收入《敦煌文獻叢考》時依原稿發表。此據《敦煌文獻叢考》，中華書局 2005 年版）

40　《十三經注疏》，中華書局 1980 年版，第 1297 頁

杏雨書屋藏《論語》殘片三種校錄及研究

　　李盛鐸舊藏敦煌寫卷中的四百三十二件現收藏於日本杏雨書屋，這批寫卷的目錄底本則藏在北京大學圖書館善本部，題「李木齋氏鑑藏敦煌殘片目錄」，其 14 號為「論語三紙」[1]。二〇〇九年十月，武田科學振興財團出版《敦煌秘笈》影片冊一，收入了這些《論語》殘片，分別編號為羽 014 ノ一、羽 014 ノ二、羽 014 ノ三，先分別校錄於下。

　　錄文格式一依原卷行款，每行前列序號並施加新式標點。上標方括號（〔〕）內為校記之序號。為方便排印，雙行小注改為單行，正文小四號，注文小五號。殘片殘損或模糊之字用「▨」號表示，殘缺之字用「□」號表示，並據對校本擬補。殘缺嚴重而不能確定字數者，上缺者用 ▭▭▭ 號，中缺者用 ▭▭▭ 號，下缺者用 ▭▭▭ 號。重文符號直接改成相應之字，旁注字直接錄人相應位置。

　　本文所據以對校及引用之何晏《論語集解》為《天祿琳瑯叢書》影印之元盯郡覆宋本《論語集解》，簡稱「覆宋本」。

1　榮新江：《李盛鐸藏卷的真與偽》，《敦煌學輯刊》1997 年第 2 期。

參校本有：

《定州漢墓竹簡論語》，河北省文物研究所定州漢墓竹簡整理小組編，文物出版社一九九七年版。簡稱「漢簡本」。

《景刊唐開成石經》，中華書局一九九七年影印民國十五年皕忍堂刊本。簡稱「唐石經」。

皇侃《論語義疏》，日寬延三年（1750）根本遜志校正，此據嚴靈峰《無求備齋論語集成》影印本，藝文印書館一九六七年版。簡稱「皇本」。

羽 014 ノ一

起《雍也》「中人以上，可以語上」之「語」，至「堯、舜其猶病諸」注「汝所言何☒▭之君」，共十五上半行，末行上端殘泐。民、治二字不諱，蓋高宗以前殘片。

《敦煌秘笈》定名「論語卷第六雍也篇」，並謂「撰者不明，雖與包咸、孔安國的注有近似之處，但不管是和《集解》本還是《集注》本都沒有完全一致的地方」。

殘片之第四行「知者動，仁者靜」注「如水之流行，如山之安止」，何晏《集解》引孔安國注「無欲，故靜」，與此不同。編號為64TAM27：25(a) 的阿斯塔那 27 號墓出土《唐景龍二年殘片〈論語〉鄭氏注〈雍也〉、〈述而〉、〈泰伯〉、〈子罕〉、〈鄉黨〉殘卷》「智者動，仁者靜」下注云：「如水之☒行，如山之安止。」[2]與殘片之注相同。

2　中國文物研究所編：《吐魯番出土文書》第 4 冊(圖錄本)，文物出版社 1996 年版，第154頁 。

殘片之第六行「觚不觚，觚哉！觚哉」注「觚，爵名，容二升。孔☒□□□□哉！觚哉者！觚小器□□□□」，何晏《集解》在「觚不觚」下引馬融曰：「觚，禮器。一升曰爵，二升曰觚。」在「觚哉！觚哉」下注云：「觚哉！觚哉！言非觚也。以喻為政不得其道則不成。」與殘片之注不同。編號為 64TAM27：36(b)，37(b) 的阿斯塔那 27 號墓出土《唐殘片〈論語〉鄭氏注〈雍也〉、〈述而〉殘卷》在「觚不觚，觚哉！觚哉」下注云：「觚，爵名，容二升。孔子削觚，若有所念，觚不時成，故曰觚哉！觚哉！歎觚小器心不專一，尚不時，況於大事乎？」[3] 與殘片之注同。

殘片之第十三行之雙行小注「庸，常也。中和可常行之德也。其至矣乎。☒□□□□ 無有也。民寡能久行之者，唯聖人乃能 □□□□」，其前經文為「矣」字，前一行下半殘泐，據行款，「矣」前經文當是「中庸之為德也，其至矣乎！民鮮久」，何晏《集解》云：「庸，常也。中和可常行之德。世亂，先王之道廢，民鮮能行此道久矣，非適今。」其下半與殘片之注不同。編號為 64TAM27：36(b)，37(b) 的阿斯塔那 27 號墓出土《唐殘片〈論語〉鄭氏注〈雍也〉、〈述而〉殘卷》在「中庸之為德也，其至矣乎！人鮮久矣」下注云：「庸，常也。中和可□行之德。其至矣乎。善其無有也。言人寡能久行之者，□□聖人乃能□也。」[4] 與殘片之注同。

據以上三條，可知此殘片之內容乃鄭玄《論語注》也。

阿斯塔那 27 號墓出土《唐開元四年殘片〈論語〉鄭氏注〈雍也〉、〈述而〉、〈泰伯〉、〈子罕〉、〈鄉黨〉殘卷》，編號為 64TAM27：18/3

3　《吐魯番出土文書》（圖錄本），第 4 冊第 171 頁。

4　《吐魯番出土文書》（圖錄本），第 4 冊第 171 頁。

的一片最後兩行如下：

```
┌─────────────┐子曰何┌─────────┐
│             │      │         │
├─────────────┤事猶  ├─────────┤
│             │      │         │
├──────────────────────────────┐
│                              │ 5
└──────────────────────────────┘
```

　　S.6121 鄭玄《論語注・雍也》的第一行：

```
       ……………………
其猶病諸
        人乃能然唐虞
```

　　陳金木先生據此對鄭玄《論語注》作了復原：

〔子〕曰：「何【事於仁，必也聖乎！堯舜】其猶病諸。
▢事猶▢人（民）乃能然，唐〔虞〕▢[6]

　　羽 014 ノ一之末行上部殘泐四個大字的位置，其下雙行小注之右行有「事猶施也汝所言何」八字，「事猶」兩字正與 64TAM27：18/3的「事猶」兩字同，據陳金木所復原，「事猶」乃「何事於仁，必也聖乎！堯舜其猶病諸」句的鄭玄注文，S.6121 第一行上端恰為經文「其猶病諸」四字，其下之雙行小注的右行殘泐，雙行小注的左行存「人乃能然唐虞」六字，而羽 014 ノ一之末行的雙行小注左行「之君」二字上

5　　《吐魯番出土文書》（圖錄本），第 4 冊第 165 頁。
6　　陳金木：《唐寫本論語鄭氏注研究──以考據、復原、詮釋為中心的考察》，文津出版社 1996 年版，第 816 頁。

殘泐處正為六個小字的位置。

　　S.6121 與 S.11910 為一卷之裂[7]，其行款約大字二十五、六字，此羽014 ノ一之行款亦大字二十五、六字，據此三個殘片的字形，「不」、「子」、「義」諸字的寫法完全一樣。羽014 ノ一與 S.6121 亦應是一卷之裂。羽014 ノ一的末行與 S.6121 首行正好可以綴合：

　　　　　　　事猶施也汝所言何□
　　其猶病諸
　　　　　　　人乃能然唐虞之君……

　　按拙著《敦煌經籍敘錄》的命名格式，此鄭玄《論語注》殘片可定名為「論語注（雍也）」。

　　因鄭玄《論語注》早佚，無傳本可校。唐石經為今存最早之單經本，惜有殘損，故經文部分以民國十五年（1926）陶湘涉園影印宋巾箱本單經《論語》對校（簡稱「八經本」[8]，參校以漢簡本、唐石經及吐魯番出土鄭玄《論語注》殘卷；注文部分則參校以吐魯番出土鄭玄《論語注》殘卷及舊籍引用之佚文。

　　錄文（黑體字為 S.6121）：

1. 可以語上[1]；中人以下，不可以語☑（上）[2]　▢▢▢

2. 曰：「務民之義，敬鬼[3]而遠之，可☑（謂）[4]　▢▢▢

3. 謂仁矣。」曰仁者復問仁也[5]。獲，得也。仁者先自勤勞而後受祿。

7　榮新江：《〈唐寫本論語鄭氏注及其研究〉拾遺》，《文物》1993 年第 2 期。

8　此據嚴靈峰輯《無求備齋論語集成》（藝文印書館 1966 年版）。傅增湘謂此本云：「半葉二十行，行二十七字，細黑口，左右雙闌，為巾箱本，密行細字，建本中刊刻最精者。袁克文君舊藏，現歸潘宗周，陶氏涉園已影印行世。」（〔清〕莫友芝撰，傅增湘訂補：《藏園訂補邵亭知見傳本書目》第 1 冊，中華書局 1993 年版，第 5 頁）。

子曰：「▢（知）〔6〕□□□□

4. 知〔7〕者動，仁者靜。如水之流行，如山之安止。知者▢（樂）〔8〕
□□□

5. 至於魯，魯一變至於道。」言齊魯▢（有）〔9〕□□□教雖衰，▢
（若）〔10〕□□□

6. 「觚不觚，觚哉！觚哉！」觚，爵名，容二升。孔▢（子）〔11〕
□□□哉！觚哉！者〔12〕觚小器□□□

7. 者，雖告之曰：『井有仁焉。』其從▢（之）〔13〕□□□

8. 憂樂之所至也〔14〕。子曰：「何為其然也？君子可▢（逝）〔15〕
□□□

9. 言乎？告之以此，可使往窺〔16〕而視之，不可使自投井中，可欺以物
類，不可誣罔以非其事也〔17〕。▢（子）〔18〕□□□

10. 弗畔矣夫！」弗畔，不違大道〔19〕。子見南子，子▢（路）〔20〕
□□□

11. 路以為男女無交禮而非之也〔21〕。夫子矢之曰：「予所▢（否）〔22〕
□□□

12. 所以見南子〔23〕不為說靈公以治道〔24〕者，天厭煞我，天〔25〕厭煞我，
再言之者，急解其誤〔26〕。子▢（曰）〔27〕□□□

13. 矣。」庸，常也，中和可常行之德也〔28〕。其至矣乎，▢（善）□無有
也〔29〕。民〔30〕寡能久行之者，唯聖人乃能□□□□〔31〕

14. 可謂仁乎？」濟，渡也。渡眾者謂拯民▢（於）〔32〕□□□請▢▢
博施於民▢□□□

15. 其猶病諸！事猶施也。汝所言何▢**人乃能然**・**唐虞**之君▢□□□

校記：

〔1〕 語上 72TAM184：12/6(b) 同[9]。八經本下有「也」字，漢簡本、唐石經亦均有「也」字。

〔2〕 上 殘片存上端殘筆，八經本作「上」。漢簡本、唐石經亦均作「上」。

〔3〕 鬼 漢簡本同，八經本、唐石經「鬼」下有「神」字。

〔4〕 謂 殘片右下角殘泐，八經本作「謂」，漢簡本、唐石經、72TAM 184：12/6(b) 均作「謂」。

〔5〕 也 64TAM27：25(a) 無。

〔6〕 知 殘片存上半，八經本作「知」，唐石經同。64TAM27：25(a) 作「智」。據後「知者動」句，知殘片乃「知」之殘。陳舜政《論語異文集釋》云：「有許多本子『知』作『智』。…… 就文義看，當以作『智』為佳。」[10]王輝《古文字通假釋例》云：「智、知義同，唯智字先有，讀為知，知字《說文》始見，產生較晚，或是智之省。」[11]

〔7〕 知 八經本、唐石經同，64TAM27：25(a)作「智」。

〔8〕 樂 殘片存上端殘畫，八經本作「樂」，64TAM27：25(a)、唐石經同。

〔9〕 有 殘片存上端殘畫，64TAM27：36(b)，37(b)、64TAM27：25(a) 兩吐魯番寫卷此處有「俱有」二字。案：從殘片殘存之筆畫看，當是「有」之殘，非「俱」之殘。何晏《集解》引包咸曰：「言齊、魯有太公、周公之餘化。太公大賢，周公聖人，今其政教雖衰，若有明君興之，齊可使如魯，魯可使如大道行之時。」包咸之注與

9　《吐魯番出土文書》第4冊（圖錄本），第139頁。

10　陳舜政：《論語異文集釋》，三人行出版社1974年版，第96頁

11　王輝：《古文字通假釋例》，藝文印書館1993年版，第60頁。

鄭玄同，無「俱」字，皇本所引包咸注亦無「俱」字，正與殘片同。

〔10〕 若 殘片存上端殘畫，64TAM27：25(a) 作「若」。

〔11〕 子 殘片存上端殘畫，64TAM27：36(b)，37(b)、64TAM27：25(a) 兩吐魯番寫卷均作「子」。

〔12〕 者 64TAM27：36(b)，37(b)、64TAM27：25(a) 作「歟」，64TAM27：25(a) 存右邊「欠」，是亦作「歟」也。殘片作「者」，蓋有誤。

〔13〕 之 殘片下半殘泐，八經本作「之」。

〔14〕 憂樂之所至也 64TAM27：18/3「至」作「致」，無「也」字。皇本所引孔注作「欲極觀仁人憂樂之所至也」，是孔注與鄭注同。何晏《集解》引孔安國注作「欲極觀仁者憂樂之所至」，少一「也」字。吐魯番本作「致」者，假借字也。

〔15〕 逝 殘片下半殘泐，八經本作「逝」，64TAM27：18/3 亦作「逝」。

〔16〕 窺，64TAM27：36(b)，37(b) 作「窺」，「窺」為「窺」之後起換旁字。

〔17〕 誣冈以非其事也 64TAM27：36(b)，37(b)「冈」作「往」，64TAM27：36(b)，37(b) 與 64TAM27：18/3 均無「也」字。案：《說文・网部》：「网，庖犧所結繩以漁。從冂，下象网交文。凡网之屬皆從网。𠔖，网或從亡；𦉚，网或從糸。」[12]季旭昇《說文新證》云：「秦文字以後或加『亡』聲。今楷字加『糸』旁作『網』。」[13]是「网」為本字，「罔」為後起形聲字。「网」省文作「冈」，《曹全碑》、《魏受禪

---

12 《說文解字》七篇下《网部》，第 157 頁。

13 季旭昇：《說文新證》上冊，第 619 頁。

表》皆作「冈」[14]，「冈」變體又作「冈」[15]。64TAM27：36(b)，37(b)
作「往」者，音誤也。《廣韻》「罔」音文兩切，微紐上聲養韻；「往」
音于兩切，于紐上聲養韻，敦煌寫卷中微于兩紐有同用者[16]。

〔18〕 子 殘片存上端殘畫。案此「子曰君子博學於文」句中
文，八經本及 64TAM27：36(b)，37(b)、64TAM27：18/3 皆作「子」。

〔19〕 不 違 大 道 64TAM27：36(b)，37(b)同，64TAM27：18/3
作「不違於道」；《集解》引鄭玄注作「不違道」，皇本所引則作「不違
道也」。

〔20〕 路 殘片存右半之「各」，八經本及 64TAM27：36(b)，37
(b)、64TAM27：18/3 皆作「路」。

〔21〕 也 64TAM27：36(b)，37(b)、64TAM27：18/3 皆無「也」
字。

〔22〕 否 殘片下端殘泐，八經本及 64TAM27：36(b)，37(b)、
64TAM27：18/3 皆作「否」。

〔23〕 南子 64TAM27：18/3 作「男子」。前「子見南子」句，
64TAM27：36(b)，37(b)「南子」寫作「男子」。案敦煌吐魯番寫卷南、
男同音通用，如《詩·召南·摽有梅序》：「召南之國，被文王之化，
男女得以及時也。」[17] S.789「召南」寫作「召男」。男、南相通，不唯
敦吐寫卷，馬王堆帛書已有此現象，例詳《古文字通假釋例》、《秦文

14　（清）顧南原：《隸辨》卷三《養韻第三十六》，第 437-438 頁。

15　張湧泉：《敦煌俗字研究》下編，第 467 頁。

16　例參洪藝芳《唐五代西北方音研究——以敦煌通俗韻文為主》，中國文化大學碩士論
　　文，1995 年，第 18 頁。

17　《毛詩正義》卷一之五《召南·摽有梅》，第 62 頁。

字通假集釋》[18]。

〔24〕　治道　64TAM27：18/3 作「理道」。案「治」作「理」者，避高宗李治之諱也。

〔25〕　天　64TAM27：36(b)，37(b) 無，乃是脫漏重文符號所致。

〔26〕　急解其誤　64TAM27：36(b)，37(b) 作「急解 ⬚⬚⬚ 誤也」，「誤」字左邊「言」清晰，右邊模糊，《吐魯番出土文書》（圖錄本）第四冊第一百七十一頁錄作「急解□□□也」。案：殘片「急解」與「誤」間唯一「其」字，圖錄本卻作「□□」，乃以此處殘泐兩字。然審影本，「誤也」二字字體較大，間距較寬，當是為雙行對齊而作，則「誤」前殘泐處本亦僅一「其」也，只是寫得長大而已。

〔27〕　日　殘片下半殘泐。此「子曰中庸之為德也」句中文，八經本及 64TAM27：36(b)，37(b)、64TAM27：18/3 皆作「曰」。

〔28〕　中和可常行之德也　64TAM27：36(b)，37(b)、64TAM27：18/3 無「也」字。《集解》云：「庸，常也。中和可常行之德。」亦無「也」字；皇本所據《集解》則與殘片同，有「也」字。不過，據此可知，《集解》文乃據鄭玄注。

〔29〕　善□無有也　殘片「善」字存上端殘畫，「善」下一字殘泐，64TAM27：36(b)，37(b) 此句作「善其無有也」。

〔30〕　民　64TAM27：36(b)，37(b) 作「人」，前有「言」字。案作「人」者，避太宗李世民之諱。

〔31〕　「乃能」下殘片殘泐，64TAM27：36(b)，37(b) 作「⬚⬚⬚也子貢曰如有⬚施於」，《吐魯番出土文書》（圖錄本）第 4 冊

18　王輝：《古文字通假釋例》，第 923 頁；袁仲一、劉鈺：《秦文字通假集釋》，第 682 頁。

第一七一頁錄作「□也子貢曰如有博施於」。

〔32〕 於 殘片左下角殘泐，據殘存部分可知為「於」。

羽014ノ二

　　起《子罕》「大宰知我」之「我」，至「瞻之在前，忽焉在後」之「前」，共九行，均存上半行，第一行殘存左半；第二、三行上端略殘，末行殘存中間小段「之在前」三字。殘片有十行，然第十行只存某字之殘畫，故不計入內。《敦煌秘笈》定名「論語集解卷第九子罕篇」，按拙著《敦煌經籍敘錄》的命名格式，可定名為「論語集解（子罕）」。

錄文：

1. ☒（我）〔1〕！☐☐☐（吾少也賤）〔2〕，故多能鄙事〔3〕▭

2. ☐☐☐☐（貧賤，常自）執事〔4〕，故多能為鄙☐☐☐（人之事）〔5〕。君子固不當多能也〔6〕。」牢曰：「子☒（云）〔7〕▭

3. ☐☐☐（子自云）〔8〕，我不見用，☐☐☐（故多技）藝也也〔9〕。」子曰：「吾有之乎哉？〔10〕▭

4. 有鄙夫來問於我〔11〕，空空然〔12〕。我叩其〔13〕▭

5. 來問於我，空如也〔14〕，則發所之終始兩端以語之〔15〕，不為有愛之也〔16〕。」子曰：「鳳鳥不至〔17〕▭

6. ☒（矣）夫〔18〕！」孔曰：「有聖人受命〔19〕，則鳳鳥至，何出圖〔20〕。今天□（無）此瑞〔21〕。『吾已矣夫』者，傷不得見之〔22〕。圖☒（河）〔23〕▭

7. ☒（衣）裳者與瞽〔24〕，包曰：「冕，☒（冠）▭之服〔25〕。瞽，

☑（盲）〔26〕☐☐

8. 趨〔27〕。包曰：「作，起〔28〕；疾行也〔29〕。此夫子哀有喪，尊在謂〔30〕，恤成人〔31〕。」顏☑（淵）〔32〕☐☐

9. ☐☐☑（之）在前〔33〕☐☐

校記：

〔1〕　我　殘片存左半，此處覆宋本、《唐石經》皆有「大宰知我乎」句，P.3783 單經《論語》同，唯「大」作「太」（大、太古今字）；P.2510 鄭玄《論語注》、P.3305《論語集解》「乎」作「者」。案：《白虎通・聖人》引《論語》：「太宰問子貢曰：『夫子聖者歟？』孔子曰：『太宰知我乎？』」[19]案：從前後文看，「者」當作「乎」，殘片無「乎」，應是脫漏。

〔2〕　吾少也賤　殘片均殘存左半。

〔3〕　故多能鄙事　殘片「故多能鄙」四字殘存左半，「事」存上端殘畫。「事」下覆宋本作「君子多乎哉不多也包曰我少小」。

〔4〕　貧賤常自　殘片「貧賤常」三字殘泐，據行款估計本行行首殘泐此三字。殘片「自」殘存下半。

〔5〕　人之事　據行款估計本行行首殘泐此三字。

〔6〕　多能也　覆宋本、P.3305 無「也」字。

〔7〕　云　殘片存上端殘畫。「云」下覆宋本作「吾不試故藝鄭曰牢弟子子牢也試用也言孔」。

〔8〕　子自云　殘片「子自」二字殘泐，「云」存下端殘畫。

19　（清）陳立撰，吳則虞點校：《白虎通疏證》卷七《聖人》，中華書局 1994 年版，第 335 頁。

〔9〕　故多伎藝也　殘片「故多」二字殘泐。殘片「伎」字殘存下半，據其殘存部分，知為「亻」旁之「伎」，《釋文》出「多伎」二字[20]。P.3305《論語集解》此句作「故多伎藝也」，此乃何晏引鄭玄注，P.2510鄭玄《論語注》作「故多伎藝也」，《史記·孔子世家》裴駰《集解》引鄭玄曰：「言孔子自云，我不見用，故多伎藝也。」[21]皆與此殘片同。皇本「多」下有「能」字；覆宋本「伎」作「技」，無「也」字，《説文·手部》：「技，巧也。」[22]《人部》：「伎，與也。」[23]則「技」為正字，「伎」為借字。殘片「也」字原重複，下一「也」當為雙行對齊而添，茲據 P.3305《論語集解》刪。

〔10〕　吾有之乎哉　覆宋本「之」作「知」，唐石經、P.3305《論語集解》、皇本亦作「知」。案：「之」為「知」之音借字，唐五代西北方音知照二紐通用。「哉」下覆宋本作「無知也知者知意之知也知者言未必盡今我誠盡」。

〔11〕　來　覆宋本、唐石經無此字；P.3305《論語集解》及 P.3783單經《論語》則有，皇本亦有。陳舜政云：「《集解》引孔注云：『有鄙夫來問於我，其意空空然……』這樣看來，古本似是『問』上有『來』字。」[24]案：陳説未必然，漢簡本即無「來」字。

〔12〕　空空然　覆宋本、唐石經作「空空如也」，漢簡本存「空空如」三字；P.3305《論語集解》作「空如也」，皇本作「空空如也」。P.3305 當是脫漏一重文符號。

20　《經典釋文》卷二十四《論語音義·子罕第九》「多伎」條，第349頁。

21　《史記》卷四十七《孔子世家第十七》，第1941頁。

22　《説文解字》十二篇上《手部》，第256頁。

23　《説文解字》八篇上《人部》，第166頁。

24　《論語異文集釋》，第148頁。

〔13〕　我叩其　殘片「我」下原有重文符號，覆宋本、唐石經、P.3305《論語集解》「我」下皆無「我」字，茲據以刪。「其」下覆宋本有「兩端而竭焉孔日有鄙夫」。

〔14〕　空如也　覆宋本作「其意空空然」，皇本同。

〔15〕　則發所之終始兩端以語之　覆宋本「則」前有「我」字，P.3305《論語集解》、皇本同；覆宋本、P.3305《論語集解》、皇本「所」作「事」。案：《廣韻》「所」音踈舉切，山紐上聲語韻；「事」音鉏吏切，崇紐去聲志韻。山崇清、濁之異，語志止、遇二攝之別，唐五代西北方音止、遇二攝不分，《孝經・感應章》「光於四海，無所不通」[25]，Дх. 838《孝經》「所」作「事」，是所、事通用之例。「語之」下覆宋本、皇本有「竭盡所知」句，P.3305《論語集解》作「竭盡其所知」。

〔16〕　不為有愛之也　覆宋本無「之也」二字，皇本無「之」字，P.3305《論語集解》無「也」。案：「之也」二字應是為雙行對齊而添，P.3305 之「也」亦為雙行對齊而添。

〔17〕　「鳳鳥不至」下覆宋本作「河不出圖，吾已」。

〔18〕　矣　殘片殘存下部「天」。

〔19〕　有聖人受命　覆宋本無「有」字，《史記・孔子世家》裴駰《集解》引孔安國注亦無[26]。案：皇本、P.3305《論語集解》與殘片同，有「有」字，《七經孟子考文》謂古本、足利本亦有「有」字[27]。查 P.2510 鄭玄《論語注》云：「有聖人受命，則鳳鳥至，河出啚。今天無此瑞。『吾已矣』者，傷不得見用也。」與《集解》所引孔安國注幾

25　《孝經注疏》卷八《感應章第十六》，第 47 頁。

26　《史記》卷四十七《孔子世家第十七》，第 1942 頁。

27　〔日〕山井鼎輯、物觀補遺：《七經孟子考文並補遺》第 9 冊，《叢書集成初編》，商務印書館 1936 年版，第 1306 頁。

乎全同，鄭玄之注與孔注是有承襲關係的[28]，無「有」字之本，蓋傳抄者刪削之結果。

〔20〕　何　覆宋本作「河」，P.3305《論語集解》亦作「河」。案：河、何同音，敦煌寫卷多混用，P.2553《王昭君變文》：「河慚尺壁（璧），寧謝寸陰。」「何」即寫作「河」。《詩・鄘風・君子偕老》：「子之不淑，云如之何。」[29] S.789《毛詩》「何」作「河」。何、河相通，不唯敦煌寫卷，傳世典籍亦多此例，例詳《讀書雜釋》、《古字通假會典》[30]。

〔21〕　今天□此瑞　「瑞」字殘片原作「瑞」，蓋為「瑞」之添筆別體。殘片「無」字殘泐，茲據覆宋本擬補。

〔22〕　傷不得見之　覆宋本作「傷不得見也」，《史記・孔子世家》裴駰《集解》引孔安國注同[31]；P.3305、皇本無「傷」字；皇本「之」作「也」；P.2510鄭玄《論語注》作「傷不得見用也」。

〔23〕　圖河　殘片「河」字殘存右上角，覆宋本此處有「河圖八卦是也」句。殘片「圖河」二字乃「河圖」之倒置，覆宋本此下作「八卦是也子見齊衰者冕」。

〔24〕　衣裳者與瞽　殘片「衣」字殘去上面一點。覆宋本、唐石經、P.3305「瞽」下均有「者」字，殘片應是誤脫。

28　〔日〕金谷治：《〈論語〉孔安國注の問題——敦煌本鄭注との關係をめぐつて》，漢魏文化研究會《漢魏文化》第 2 號，1961 年 8 月；孔仲溫：《從敦煌伯二五一〇號殘卷論論語鄭氏注的一些問題》，臺灣中山大學《中山人文學報》第 5 期，1997 年 1 月；陳金木：《唐寫本論語鄭氏注研究——以考據、復原、詮釋為中心的考察》，第 131-140 頁。

29　《毛詩正義》卷三之一《鄘風・君子偕老》，第 111 頁。

30　（清）徐鼒著，閻振益、鍾夏點校：《讀書雜釋》卷四「景員維何」條，中華書局 1997 年版，第 68 頁；高亨：《古字通假會典》，齊魯書社 1989 年版，第 665 頁。

31　《史記》卷四十七《孔子世家第十七》，第 1942 頁。

〔25〕　晃冠　殘片「冠」殘存上半。覆宋本、皇本「晃」下有「者」字，P.3305 則無，與此殘片同。「冠」下覆宋本作「也大夫」。

〔26〕　瞽盲　殘片「盲」存上端殘畫。殘片「盲」後殘泐，覆宋本作「也見之雖少必作過之必」，是覆宋本「盲」下有「也」字，然 P.3305《論語集解》無，《史記・孔子世家》裴駰《集解》引包氏注亦無[32]。

〔27〕　趛　P.3305《論語集解》同，覆宋本、唐石經作「趨」。《說文・走部》：「趛，趛趙，久也。」「趨，走也。」[33]商承祚認為「趛」是「趨」的本字[34]。

〔28〕　作起　覆宋本、P.3305《論語集解》、皇本「起」下有「也」字。

〔29〕　疾行也　覆宋本、皇本前有「趨」（P.3305 作「趛」），作「趨，疾行也」，殘片應是誤脫。

〔30〕　尊在謂　覆宋本、P.3305《論語集解》、皇本「謂」作「位」。案：《廣韻》「位」音于愧切，于紐去聲至韻；「謂」音于貴切，於紐去聲未韻。二字聲母相同，止攝各韻不分，在中古西北方音中是同音字[35]。

〔31〕　恤成人　覆宋本作「恤不成人」，P.3305《論語集解》、皇本作「恤不成人也」。案：包咸注「此夫子哀有喪，尊在位，恤不成人」是解釋經文「子見齊衰者、晃衣裳者與瞽者」句，「哀有喪」指「齊衰

32　《史記》卷四十七《孔子世家第十七》，第 1940 頁。

33　《說文解字》二篇上《走部》，第 37、35 頁。段玉裁《說文解字注》改久」為「夂」，是也（上海古籍出版社 1981 年版，第 65 頁）。

34　商承祚：《〈石刻篆文編〉字說》，《中山大學學報》1980 第 1 期。

35　龍晦：《唐五代西北方音與卜天壽〈論語〉殘片》，《考古》1972 年第 6 期。

者」,「尊在位」指「晃衣裳者」,「恤不成人」指「瞽者」,瞽者,盲人也,故謂之「不成人」,作「成人」,則不倫矣。殘片當是脫「不」字。

〔32〕 淵　殘片殘存上半。「淵」下殘片殘沏,自此至下行「之」前覆宋本作「喟然嘆曰喟嘆聲仰之彌高鑽之彌堅言不可窮盡瞻」。

〔33〕 之　殘片殘沏上面一點。

羽014ノ三

　　起《衛靈公》篇題,至「女以予為多學而識之者與」《集解》之「謂多學而識之」之「謂」,共七行,均存上半行,末二行上端亦殘,特別是末行,只存四個字的殘筆。《敦煌秘笈》定名「論語集解卷第十五衛靈公篇」,按拙著《敦煌經籍敘錄》的命名格式,可定名為「論語集解（衛靈公）」。第六行「但」字缺筆,避唐睿宗李旦之諱,則此殘片的抄寫不早於睿宗朝。

錄文：

1. 衛靈公第十五　卷弟八 [1]

2. 衛靈公問陣 [2] 於孔子。孔曰 [3]：「軍陣行列之法。」孔子對曰 [4] ▢

3. 孔曰：「俎豆,禮噐也 [5]。」軍旅之事,未之學也。」鄭曰：「萬二千五▢（百）[6] ▢▢▢軍旅末事,本未 [7] ▢▢▢

4. 遂行。在陳絕糧 [8],從者病,莫能興。孔曰：「從者,弟子。▢（興）[9],▢▢▢孔子在陳去衛▢（如）[10] ▢▢▢

5. 遭▢（匡）人之難 [11],▢▢▢（又之陳）[12]。會吳▢▢▢▢▢（乏食）

也〔13〕。」子路慍見曰：「君子亦有窮乎？」〔14〕

6. ＿＿＿＿▢▢（濫矣）〔15〕。」濫，溢也。君子固亦有窮時，但不▢▢
▢▢▢（如小人窮則）濫溢為非〔16〕＿＿＿。

7. ＿＿＿▢▢▢▢▢（然，孔曰：「然，謂）〔17〕＿＿＿

校記：

〔1〕　覆宋本「茅」作「第」，無「卷弟八」三字。黃侃《説文段
注小箋》云：「古止作弟，形誤作茅，茅復誤為第。」36

〔2〕　陣　P.2496《論語集解》同，《釋文》出「問陣」二字37。
覆宋本、唐石經作「陳」。《顏氏家訓集解・書證》云：「太公《六韜》，
有天陳、地陳、人陳、雲鳥之陳。《論語》曰：『衛靈公問陳於孔子。』
《左傳》：『為魚麗之陳。』俗本多作阜傍車乘之車。案諸陳隊，並作
陳、鄭之陳。夫行陳之義，取於陳列耳，此六書為假借也，《蒼》、
《雅》及近世字書，皆無別字；唯王羲之《小學章》，獨阜傍作車，縱
復俗行，不宜追改《六韜》、《論語》、《左傳》也。」38注中「陣」字同。

〔3〕　曰　殘片原作「田」，形誤字，茲據覆宋本、P.2496《論語
集解》改正。

〔4〕　「對曰」下覆宋本作「俎豆之事則嘗聞之矣」。

〔5〕　礼噐也　覆宋本「礼噐」作「禮器」，P.2496《論語集解》、
覆宋本皆無「也」字，皇本則有「也」字。洪邁《容齋隨筆》云：「今
人作字省文，以禮為礼，以處為处，以與為与，凡章奏及程文書冊之

36　黃侃：《説文段注小箋》，黃焯編：《説文箋識四種》，第 161 頁。

37　《經典釋文》卷二十四《論語音義・衛靈公第十五》「問陣」條，第 353 頁。

38　王利器：《顏氏家訓集解》（增補本）卷六《書證第十七》，第 432 頁。

類不敢用，然其實皆《説文》本字也。」[39]《干祿字書‧去聲》：「嚚、器，上通下正。」[40]案漢碑已見「嚚」字[41]，乃「器」之訛變，故《五經文字》謂之訛字[42]。

〔6〕 万二千五百 P.2496《論語集解》「万」字同，覆宋本作「萬」。蔡主賓云：「《説文》無萬字，《玉篇》云：『万，俗萬字。』《隸篇》卷一云：『諸碑及古款識經典皆通用萬，無用万者。』殘片萬多作万，棄繁就簡，從六朝之俗也。」[43]案：西漢哀帝建平五年《建平郫縣碑》有「賈二万五千」句[44]，知此字西漢即已有。此字亦見於古璽文中[45]，《説文》未收者，遺漏也。殘片「百」殘存上端一橫之左半，「百」下覆宋本作「人為軍，五百人為旅」。

〔7〕 殘片「本未」下殘泐，覆宋本作「立不可教以末事明日」。

〔8〕 粮 P.2496《論語集解》同，覆宋本、唐石經作「糧」。《説文》有「糧」無「粮」，「粮」為後起別體。

〔9〕 興 殘片殘存上半，殘片「興」下殘泐，覆宋本作「起也」。

〔10〕 在陳去衛如 覆宋本無「在陳」此二字，P.2496《論語集解》、皇本亦無。案孔子周遊列國，正如下注文所言，「去衛，如曹，

39 （宋）洪邁撰，上海師範大學古籍整理組校點：《容齋隨筆》卷五「字省文」條，上海古籍出版社 1978 年版，第 70 頁。

40 顏元孫：《干祿字書》去聲，第 22 頁。

41 顧南原：《隸辨》卷四《至韻第六》，第 497 頁。

42 張參：《五經文字》卷中《犬部》，第 25B 頁。

43 蔡主賓：《敦煌寫卷儒家經籍異文考》，臺灣嘉新水泥公司文化基金會 1969 年版，第 397 頁。

44 （宋）洪适：《隸續》卷三《建平郫縣碑》，中華書局 1985 年版，第 305 頁。

45 羅福頤主編：《古璽文編》，文物出版社 1981 年版，第 347 頁。

之宋，又之陳」，此「在陳」二字乃涉經文而衍。殘片「如」字殘存上半，「如」下殘泐，覆宋本作「曹曹不容又之宋宋」。

〔11〕　匡　殘片左下角殘泐。

〔12〕　又之陳　殘片「又之」二字右半殘泐，「陳」右上角殘泐。

〔13〕　乏食也　殘片「乏」存右下角殘畫，「食」殘泐左上角。殘片「乏食」前殘泐，覆宋本作「伐陳，陳亂，故」。覆宋本、P.2496《論語集解》無「也」字，皇本則有。

〔14〕　「乎」下殘片殘泐，自此至下行「濫」前覆宋本作「子曰君子固窮小人窮斯」。

〔15〕　濫矣　殘片「濫」存右下角殘筆，「矣」殘存右邊小半。

〔16〕　但不□□□□　殘片「但」作此形，乃避睿宗李旦諱之缺筆字。「人窮」均存右下角殘畫，「則」之字畫暗淡，唯右邊「刂」尚依稀可辨。「非」下殘片殘泐，自此至下行「然」前覆宋本作「子曰賜也女以予為多學而識之者與對曰」。

〔17〕　然孔曰然謂　殘片「然」存右下角殘畫，「孔曰然」存右邊小半，「謂」存右上角殘畫。

雖然杏雨書屋收藏的李盛鐸舊藏敦煌《論語》卷子中只有三個殘片，一共只有三十一行，而且都是殘行，但其價值仍有可説者，茲擇重要者述説一二。

1. 補輯鄭玄《論語注》之佚文

東漢經學大師鄭玄遍注群經，其中《論語注》約亡佚於五代宋初時期，自南宋王應麟到清代之袁鈞、王謨、黃奭、馬國翰等都作過輯佚，然皆殘枝碎葉，不及全書之什一。至二十世紀初以來，敦煌、吐魯番文書中發現鄭玄《論語注》抄本，轟動學界。日本學者金谷治《唐抄本鄭氏注論語集成》（東京平凡社1978年版）收集了六種敦煌吐魯番

鄭注寫卷，臺灣學者鄭靜若因之彙集諸家輯佚本及諸寫卷，成《論語鄭氏注輯述》（學海出版社 1981 年版），為鄭玄《論語注》輯佚之最全者。其後王素《唐寫本論語鄭氏注及其研究》（文物出版社 1991 年版）、陳金木《唐寫本論語鄭氏注研究──以考據、復原、詮釋為中心的考察》（文津出版社 1996 年版）收集所能見到的近三十種敦煌吐魯番鄭注寫卷進行校勘及考釋。羽 014 ノ一為鄭注《論語注》殘片，雖所存不多，且與 64TAM27：25 (a)、64TAM27：36(b)，37(b)、64TAM27：18/3、2TAM184：12/6(b) 四種吐魯番出土寫卷的內容重合，但仍有可補正吐魯番寫卷殘損訛誤者。若新作鄭注《論語注》輯本，此殘片亦極重要之資料也。

2. 可據以證前人所言之不當

(1)《雍也》：「仁者，雖告之曰：『井有仁焉。』其從之也？」黃懷信云：「寫鄭本經闕，注有『井中有人沒溺』，是鄭本經作『人』。」[46] 案：64TAM27：36(b)，37(b) 作「井有仁焉」，鄭注殘片經文並不缺，只是黃氏未見到而已。今羽 014 ノ一亦作「井有仁焉」，可為 64TAM27：36(b)，37(b) 之佐證，兩鄭注本皆作「仁」，並不作「人」。馮登府《論語異文考證》云：「劉聘君曰：『仁當乍人。』朱子從之。《論語解》本正乍『人』。案皇本、高麗本、足利本竝乍『井有仁焉』，孔注：『宰我以仁者必濟人於患難，故問有仁人墮井，將自投下，從而出之否乎？欲極觀仁人憂樂之所至也。』此古論說本如是，義亦甚明，無煩改字。」[47] 馮說是也，「仁」可釋為仁人[48]，《論語》中多有其例，如

---

46 黃懷信：《論語彙校集釋》，上海古籍出版社 2008 年版，第 534 頁。

47 （清）馮登府：《論語異文考證》卷三，《續修四庫全書》第 155 冊，上海古籍出版社 2005 年版，第 365 頁。

48 李運益主編：《論語詞典》，西南師範大學出版社 1993 年版，第 57 頁。

《學而》：「汎愛眾而親仁。」《微子》：「微子去之，箕子為之奴，比干諫而死。孔子曰：『殷有三仁焉。』」

　　(2)《雍也》：「子曰：『務民之義，敬鬼神而遠之，可謂知矣。』」漢簡本無「神」字，何永欽云：「《論語》常為鬼神並稱，此章諸本無缺『神』字者，當為抄者疏漏。」[49]黃懷信云：「有神字義勝。」[50]趙晶云：「《論語・述而》篇載：子不語『怪』、『力』、『亂』、『神』。孔子明明不説『怪』、『力』、『亂』、『神』四字，這裡卻對樊遲講到『神』，豈不矛盾？甚為奇怪。另外，孔子對神也不是遠之的，《述而》篇亦記載孔子生病，子路要為孔子向神明祈禱，孔子回答道『丘之禱久也』，當然這裡孔子也沒有直接提到『神』。故此處當依簡本省去『神』。」[51]

　　案：羽014ノ一亦無「神」字，正與漢簡本同。《論語》「鬼神」一詞三見，一為此「敬鬼神而遠之」句，一在《泰伯》篇：「子曰：『禹，吾無間然矣。菲飲食而致孝乎鬼神，惡衣服而致美乎黻冕，卑宮室而盡力乎溝洫。禹，吾無間然矣。」一在《先進》篇：「季路問事鬼神。子曰：『未能事人，焉能事鬼？』」《先進》篇乃子路所言，孔子避而不談「神」。《泰伯》篇之語，《史記・夏本紀》採入之，曰：「薄衣食，致孝於鬼神。卑宮室，致費於溝淢。」[52]《説文・鬼部》：「鬼，人所歸為鬼。」[53]《示部》：「神，天神，引出萬物者也。」[54]鬼者祖宗，

49　何永欽：《定州漢墓竹簡〈論語〉研究》，臺灣大學 2007 年碩士論文，第 153 頁。

50　黃懷信：《論語彙校集釋》，第 520 頁。

51　趙晶：《淺析定州漢簡本〈論語〉的文獻價值》，《浙江社會科學》2005 年第 3 期。

52　《史記》卷二《夏本紀第二》，第 51 頁。

53　《説文解字》九篇上《鬼部》，第 188 頁。

54　《説文解字》一篇上《示部》，第 8 頁。

神者天神。於祖宗言孝，於天神言敬不言孝，故戴望釋此句云：「子產曰：「天者神，王者父天，為天之子。故以孝言之。」」[55]乃欲彌縫其說也。孔子不言怪力亂神，「菲飲食而致孝乎鬼神」句當非孔子原話，蓋後學編定者增之也，「神」字無義，在修辭上則謂之連類而及。「敬鬼神而遠之」句，漢簡本與敦煌本羽014ノ一號皆無「神」字，是《論語》本無「神」字也。

3. 可為唐五代西北方音研究提供資料

自羅常培於一九三三年撰《唐五代西北方音》（科學出版社 1961 年版）開研究西北方音之先河後，利用敦煌資料對唐五代時期的西北方音進行研究的論著不少，邵榮芬《敦煌俗文學中的別字異文和唐五代西北方音》（《中國語文》1963 年第 3 期）、高田時雄《敦煌資料による中國語史の研究》（創文社 1988 年版）及洪藝芳《唐五代西北方音研究——以敦煌通俗韻文為主》（臺灣「中國文化大學」1995 年碩士論文）是其中比較重要的論著。

《子罕》「子曰：『吾有知乎哉？』」羽014ノ二「知」作「之」，知照二紐同用也，以「之」代「知」之例敦煌寫卷多有，邵榮芬、洪藝芳收入多例。

《子罕》「我叩其兩端而竭焉」《集解》引孔安國曰：「我則發事之終始兩端以語之。」羽014ノ二「事」作「所」。案：《廣韻》「所」音疎舉切，山紐上聲語韻；「事」音鉏吏切，崇紐去聲志韻。山崇清濁之異，語志止遇二攝之別。《子罕》「見之，雖少，必作；過之，必趨」《集解》引包咸曰：「此夫子哀有喪，尊在位，恤不成人。」羽014ノ二「位」作「謂」。案：《廣韻》「位」音于愧切，於紐去聲至韻；「謂」

55　（清）戴望：《戴氏注論語》卷八，清同治十年刊本，第 3B 頁。

音于貴切，于紐去聲未韻。二字聲母相同，止攝各韻不分。以上兩例可補諸家之缺。

（原載劉玉才主編《從鈔本到刻本：中日〈論語〉文獻研究》，北京大學出版社 2013 年版；收入本書時略有修改）

評《敦煌〈論語集解〉校證》

　　《論語》一書，雖說列入經部時間較後，但自漢代起，即已與《孝經》一起成為童蒙必讀之書。初學者必須先學習這兩本書，才能進而學習五經。因而漢代以後，即出現了很多對《論語》的注本。經統計，《隋書·經籍志》所載當時存世之作即有二十六種之多。這其中我們比較了解的則是鄭玄《論語注》及何晏《論語集解》。對鄭玄《論語注》的了解我們不能不歸功於王素先生，是他的《唐寫本論語鄭氏注及其研究》為我們提供了研讀鄭注《論語》的最為詳盡的資料[1]。何晏《集解》其書現存，且為今所存最古的完整的《論語》注本，是研究《論語》之學者的必讀之書。但自《集解》成書至今，已有一千七百多年，古書流傳過程中容易產生的訛誤衍脫，《集解》自亦不能免。今所能見到的傳世版本均為宋以後之本，其中異文紛呈，是非莫辨。這從翟灝《四書考異》、馮登府《論語異文疏證》、阮元《論語注疏校勘記》、葉德輝《天文本論語校勘記》、日人山井鼎《七經孟子考文並補遺》諸書

1　王素：《唐寫本論語鄭氏注及其研究》，文物出版社 1991 年版。

可見一斑。學人們雖作了大量的校勘工作，但仍有許多問題沒有得到解決。其中一個重要的原因則是因為沒有更古的善本可資佐證。因為「校勘之學無處不靠善本，必須有善本互校方才可知謬誤，必須依據善本方才可以改正謬誤，必須有古本的依據方才可以證實所改的是非。凡沒有古本的依據而僅僅推測某字與某字形似而誤，某字涉上下文而誤的，都是不科學的校勘」[2]。所幸二十世紀這個科學飛速發展的偉大的時代，也給我們提供了大批極其寶貴的新資料，可使我們利用這批新資料更為深入地研究傳統文化。在敦煌吐魯番出土的大量唐人手抄何晏《論語集解》殘卷，不僅可藉以訂正傳本訛誤之處，而且還可補充不少在流傳過程中缺失的佚文。但關於《集解》殘卷的研究成果比起《論語》鄭注來說少得多。王重民先生在《敦煌古籍敘錄》中認為《論語集解》殘卷「概皆惡札，差訛百出」[3]，因而僅對書法較佳的 S.800 號作了敘錄。其後陳鐵凡先生著《敦煌論語異文彙考》[4]，對敦煌之《論語》殘卷作了校勘，而所收殘卷也有限，且並非專為《集解》而作。其他單篇研究論文，更是寥若晨星。敦煌殘卷發現已有一個世紀，相對於經部其他諸經來說，對《集解》殘卷的研究顯得猶為滯後。我們的經學研究工作者仍沒能方便而有效地利用這批極有價值的《論語集解》殘卷，這對學人來說是一個很大的遺憾，而對於我們傳統文化的研究來說，則是巨大的損失。所幸在二十世紀末，李方女士為我們經學研究工作者送上的珍貴的世紀禮物——一部裝禎典雅的對《論語集解》殘卷進行系統整理彙集的著作——《敦煌〈論語集解〉校證》，現在正擺在我案頭。

2　胡適：《元典章校補釋例序》，陳垣：《校勘學釋例》，上海書店出版社 1997 年版。

3　王重民：《敦煌古籍敘錄》，第 69 頁。

4　陳鐵凡：《敦煌論語異文彙考》，《孔孟學報》第 1 期，1961 年 4 月。

　　本書按《論語》二十篇編排，加上何晏《論語序》，實共二十一篇，每篇分題解、正文、校記三部分。作者在題解中詳細介紹了該篇所收各殘卷的面貌，並考其抄寫時代。正文錄所選定之底本，並一依其行款錄文。全書條理清晰，且抄錄工整，行字疏朗，讀來不僅無損目之憂，且有賞心悅目之感。閱讀一過，我覺得本書有以下幾個方面的優點。

（一）卷子收集齊全

　　王重民在《敦煌古籍敘錄》中說「敦煌所出《論語集解》，無慮六七十卷」[5]，然他僅為 S.800 作敘錄。陳鐵凡先生悉心收羅，但由於當時條件所限，僅見到二十六種《論語》寫本，因而歷三年時間，撰成《敦煌論語異文彙考》一文，但所收《集解》殘卷僅十七種。本書作者廣羅博收，共得《論語集解》的寫本六十二件，包括斯坦因編號十五件、伯希和編號四十件、俄藏二件及羅振玉藏二件、英國原印度事務部圖書館所藏一件、中國藏吐魯番文書一件、日本靜嘉堂藏吐魯番文書一件。《論語》二十篇已備，其中惟《陽貨第十七》缺前半、《雍也第六》與《堯曰第二十》缺後半，其餘均為全璧。

（二）底本選擇優良

　　本書按《論語》二十篇的次序編排，擇《集解》殘卷中最善者為底本作正文。如《學而篇》以 P.3193 最全，然此卷第三十行至三十三行及四十八行以後略有缺損，而 P.2618 起「人不知而不慍不亦君子乎」之「乎」字，且在「好犯上者鮮矣」前有殘損，後皆全。因而作者取 P.3193 號「好犯上者鮮矣」前共四行半為底本，後則以 P.2618 為底本。又如《八佾篇》，S.7003A 前四行下截殘，二十一行後下截又殘；而

5　王重民：《敦煌古籍敘錄》，第 69 頁。

P.2676 前十行及十二、十三兩行下截均殘，後皆佳，因而作者在「夏禮吾能言之」之「夏禮」前以 S.7003A 為底本，此後以 P.2676 為底本。這樣雖然將殘卷分拆而不易了解其全貌，但如此安排脈絡清晰，對學人利用殘卷內容帶來了很大的便利。特別是對並不從事敦煌學研究的專家學人來說，顯得尤為方便。敦煌殘卷大多是唐人手書，有些甚至是六朝真跡，但由於殘卷破碎較多，且卷號分散而內容又多重複，無意中給許多非敦煌專業之專家利用殘卷材料設置了許多障礙，這也是許多敦煌殘卷的寶貴材料沒能得到很好利用的一個重要原因。李方女士對底本作這樣的安排方式應是考慮了這一個重要因素的。筆者以為，這是普及敦煌學界研究成果的一種極佳的安排方式，對我們來說是有借鑑作用的，也是值得提倡的。

（三）對校本子眾多

本書將取為底本以外的其他《集解》殘卷均作為校本，又以敦煌吐魯番殘卷中的《論語》白文寫本五件、鄭注《論語》二十九件、皇侃《論語義疏》一件作為參校本，從而將作者所能收集到的敦煌吐魯番殘卷中的《論語》本子全部納入校記。這是訖今為止收集殘卷最全的對《論語》一書所作的校記。不僅如此，作者又廣蒐博採，舉凡傳統版本如石經本、邢疏本、皇疏本、十行本、閩本、監本、毛本；日藏之武內本、天文本、津藩本、正平本等；即使是古書所引之片言隻語亦在收採之列。手中掌握有如此眾多的材料，無怪乎作者在校記中勝義疊出，發明良夥。

（四）校記詳實

本書通過收集詳細的資料，對《論語集解》殘卷進行了詳盡的校勘。筆者以為它做得比較好的有這樣幾個方面。

1. 異文記錄詳實。

對所蒐集到的本子的所有異文，均在校記中列出。對於異文之是非，能考者則考之，不能考者則闕之。可以說這是一個《論語集解》的異文資料庫。這極大地方便了以後學人對《論語集解》異文的研究。不僅有利於經學的研究，對訓詁學、校勘學甚至文字學的研究都是有較大作用的。

2. 據書寫體例以定衍文。

敦煌遺書中經部殘卷有一書寫體例，筆者未曾在其他殘卷中發現過此種類型的書寫方法。因經部書大多經文單行大字，注文雙行小字。書手在抄寫過程中，不容易正確地將注文平均地分成上下兩欄，因而產生了兩種情況，一是上欄的字數多於下欄，對這樣的情況抄手的處理辦法是在下欄空白之處將最後一個字寫上多遍或將這個字寫得很長。二是下欄的字數多於上欄，抄手常將下欄多出的字倒過來寫在上欄之末。對第一種情況，有些論著不解此種書寫特例而誤以為原文如此。本書作者深知此種特例，因而在校語中作出了明確的判定。如《學而第一》第二十六行《集解》引孔安國注「孝子在喪哀慕之之」（15頁），作者校云：「『之之』，諸本均無，當係抄者妄增以求注文雙行對齊。」又如《里仁第四》第二十七行引包咸注「當微諫納善言於父母也」（134頁），作者校云：「底本末原有二『也』字，當為妄增，以便雙行對齊，今去其一。」

3. 多方引證，擇善而從。

本書不僅收錄了大量《論語》的敦煌吐魯番寫卷及傳統刻本，而且廣泛地吸納各有關材料以及前人的優秀成果。如阮元《論語注疏校勘記》、翟灝《四書考異》、葉德輝《天文本論語校勘記》、馬國翰《玉函山房輯佚書》、陳鐵凡《敦煌論語異文彙考》等的校勘及考證成果，均詳細考辨，擇善而從。如《學而第一》「未若貧而樂道」，敦刻本、

邢本、李善《文選注》引均無「道」字。作者在校記中據馬國翰、阮元、陳鐵凡之説認為《論語集解》當有「道」字。《微子第十八》「楚狂接輿歌而過孔子」，阮元據正平本認為「孔子」後當有「之門」二字。作者通過分析敦煌本及其他眾多本子的情況，認為中國版本均無「之門」二字，而日本版本卻有此二字。斷定阮元所據之日本版本為誤本，當以無「之門」二字者為善。其説皆可信從。

　　白璧尚有瑕，明珠豈無纇。本書也存在一些不足之處，筆者就已所知，提出以下幾點，希望能為本書的重版修改提供一些材料。

　　1. 尚有殘卷遺漏。

　　雖説本書已收入敦煌吐魯番之《論語》殘卷達九十七種之多，但尚有遺漏。

　　(1) P.46862，《寶藏》誤為《殘文書》（第 134 冊，第 325 頁），此實為《論語・學而》之殘片。該殘片共存十二行，皆上下殘損，行殘存一到九字不等。此文內容相當於注疏本之二千四百五十八頁中欄第四行至下欄第八行[6]。考其內容則為《論語集解》文。其他敦煌本《論語集解》殘卷之書寫均經文大字單行，注文小字雙行。此殘卷則經文與注文字體同大連寫。據筆者所知，這種書寫方法在敦煌經部殘卷中絕無僅有。

　　(2) P.3643 背（《寶藏》第 129 冊，第 426 頁下欄）有一殘片，共一行八字，為《論語・公冶長》文，原文為「子曰始吾於人聽其」。

　　(3) P.3705 背，此卷正面為《論語集解卷第四（述而、泰伯）》，背為《雜寫》。卷後面有「中和二年」字樣。《雜寫》中有二行為《論語・公冶長》文（見《寶藏》第 130 冊，第 85 頁上欄）。

6　注疏本，指中華書局 1980 年影印阮元刻《十三經注疏》。

以上三種為本書遺漏而沒有收入的。另據前言，本書寫成於一九九三年。其時《俄藏敦煌文獻》、《上海博物館藏敦煌吐魯番文獻》、《英藏敦煌文獻》等尚未出版。因而有些卷子在本書中亦未及收入。今略述於後，以供參考。

(1) Дx.00953《論語子路第十三》，共二十二行，僅上半截。起《子路篇》題目，至「必世而後仁」注「必卅年」。「民」字缺筆。

(2) 上博 24（24579）《論語鄭玄注》，三十三行，存《子罕篇》。起「君子多乎哉不多也」注「不多也」，至「子曰是道也何足以臧」鄭注「太簡略故知」。此卷可與 P.2510 對校。

(3) S.11910《論語鄭氏注（述而第七）》，九殘行。可與 S.6121 綴合。

(4) 阿斯塔那 360 號墓唐寫本鄭氏注《論語・公冶長》殘卷[7]，凡二十七行，起「欲人之加諸我」至「子曰十室之邑」之「子曰」，本卷可與阿斯塔那 67 號墓唐景龍四年卜天壽抄孔氏本鄭氏注《論語》對校。

2. 有些卷子沒有綴合。

(1) 本書據 P.3962 背面之咸通十二年四月十八日文書，定其為唐懿宗時期寫本，而在 P.2766 卷下沒有考定寫卷時代。其實 P.2766《論語集解卷第一並序》跟 P.3962《論語集解學而篇十三行》正前後相接，可以綴合。

(2) S.3992，《寶藏》定名《論語集解（學而篇）》，英藏定名《論語集解（子罕篇第九）》，作者成書時，雖未見到《英藏》，然已糾《寶藏》之誤。P.4643，《寶藏》定名《論語集解（學而篇十一行）》，本書已糾其誤，收入《子罕第九》下。然在題解中未言兩卷綴合，當為疏

7　柳洪亮：《新出吐魯番文書及其研究》，新疆人民出版社 1997 年版，第 102-104 頁。

漏所致。

(3) P.3606《論語集解先進篇第十一》，羅振玉藏敦煌寫本存《顏淵篇》部分，此兩卷可以綴合，本書亦未言及。

(4) 本書《學而第一》中收入英國圖書館藏敦煌刻本，編號為Ch73CIOL. 103a. 103b., 按此可與 P.2601 綴合，而本書未言。且言「英國圖書館藏敦煌刻本」不確，此乃寫本，並非刻本，其所引編號亦有誤，應是 Ch. 73. viii（IOL. C. 103A 及 B）。影本見《英藏敦煌文獻》第十四冊第二六九頁。

3. 所用以參校之傳統版本未作介紹。

本書對收錄之敦煌吐魯番《論語》寫卷不僅在題解中作了詳細介紹，而且又在書後附《寫本目錄》。但對用以參校之傳統版本如唐本、古本、毛本等，皆用簡稱，未作任何介紹，使讀者不明所以，不知這些版本刻於何年，刊刻者為誰。筆者估計，本書所云之古本、十行本、閩本、監本、毛本、唐石經、足利本等係轉引自阮元《十三經注疏校勘記》，武內本、正平本、天文本、津藩本等係轉引自陳鐵凡《敦煌論語異文彙考》。校勘時收羅異本乃是首要任務，也是最重要的一個環節。但所用異本最好是原本，若由於條件所限而不得已轉引他書，則應說明轉引自何書，否則就違反了校勘原則。

4. 具體的校勘中亦存在一些錯誤。

主要在古今字、俗字和唐五代西北方音方面。

如第五頁第五條「太、大經典通用」；第五十五頁第二十三條「或、惑義可通」；第五十七頁第二十九條「從、縱音義本相通」。以上「大」與「太」、「或」與「惑」、「從」與「縱」皆為古今字，並非通假字，不能以「相通」、「通用」等詞語來描述。此為不明古今字而誤者。

　　第六百三十三頁第一百二十一條，「自經於溝瀆而莫之知也」，他本「経」多作「經」。作者據《論語集解考異》認為作「経」不誤。其實此「経」乃為「經」之俗字，從「巠」之字俗或寫作「至」，《唐武懷亮墓誌》「涇」寫作「泾」[8]；《唐王璥石浮圖銘》「輕」寫作「軽」[9]。此皆其例。第四百零七頁第六十六條，「繽絺紘」，校語云：「『紘』，諸本作『綌』。『綌』與『紘』音義皆異，底本形近致誤。」按「紘」當為「絃」之訛，「絃」乃是「綌」之俗寫。此為不明俗字而誤。

　　第一百二十一頁第一百二十五條，「『然則管仲知禮乎』，伯二九〇四號作『管仲之禮乎』，有脫誤」。按此處實無脫誤。「之」與「知」在唐五代西北方音中是同音的，二字常常通假。第四百九十二頁一百五十二條，「『何必讀詩』，『詩』，諸本作『書』，底本誤」。按《廣韻》「詩」在平聲之韻，「書」在平聲魚韻，唐五代西北方音中止遇二攝字常常通用，此「詩」即是與「書」同音而造成的音訛字。在校記中應說明理由，簡單地以「誤」字作斷並非妥當。第六十頁第五十條「大」與「代」音誤，作者即明確指出了「底本音同致誤」。

　　但以上失誤與本書的成就相比，顯然是微不足道的。本書的出版，不僅填補了敦煌學經部文獻研究中的一項空白，而且對於整個經學的研究也是有比較大的作用的。它必定會引起經學研究工作者特別是研究《論語》及孔子思想的學人的極大興趣。

　　（原載季羨林、饒宗頤、周一良主編《敦煌吐魯番研究》第5卷，北京大學出版社2000年版）

8　秦公輯：《碑別字新編》，第129頁。

9　秦公輯：《碑別字新編》，第306頁。

地域文化研究叢書・敦煌文化研究叢刊　A0204020

敦煌經學文獻論稿　下冊

作　　　者	許建平
版權策畫	李煥芹
責任編輯	曾湘綾
發 行 人	陳滿銘
總 經 理	梁錦興
總 編 輯	陳滿銘
副總編輯	張晏瑞
編 輯 所	萬卷樓圖書股份有限公司
排　　版	菩薩蠻數位文化有限公司
印　　刷	百通科技股份有限公司
封面設計	菩薩蠻數位文化有限公司

出　　版　昌明文化有限公司

桃園市龜山區中原街 32 號

電話 (02)23216565

發　　行　萬卷樓圖書股份有限公司

臺北市羅斯福路二段 41 號 6 樓之 3

電話 (02)23216565

傳真 (02)23218698

電郵 SERVICE@WANJUAN.COM.TW

大陸經銷

廈門外圖臺灣書店有限公司

　　電郵 JKB188@188.COM

ISBN 978-986-496-475-8

2019 年 3 月初版

定價：新臺幣 300 元

如何購買本書：

1. 轉帳購書，請透過以下帳戶

　合作金庫銀行 古亭分行

　戶名：萬卷樓圖書股份有限公司

　帳號：0877717092596

2. 網路購書，請透過萬卷樓網站

　網址 WWW.WANJUAN.COM.TW

大量購書，請直接聯繫我們，將有專人為您

服務。客服：(02)23216565 分機 610

如有缺頁、破損或裝訂錯誤，請寄回更換

國家圖書館出版品預行編目資料

敦煌經學文獻論稿　下冊 / 許建平著.-- 初

版.-- 桃園市：昌明文化出版；臺北市：萬

卷樓發行, 2019.03

　冊；　公分

ISBN 978-986-496-475-8(下冊：平裝)

1.敦煌學 2.經學

797.9　　　　　　　　　108003211

本著作物經廈門墨客知識產權代理有限公司代理，由浙江大學出版社有限責任公司授權
萬卷樓圖書股份有限公司發行中文繁體字版版權。

本書為真理大學產學合作成果。　　　　　　　　校對：喬情／臺灣文學系